Nós dois

TERMO DE CASAMENTO
NITA,

Preciso de tê como as cordas do violão
precisam do artista,
como a terra seca precisa da chuva,
como a canção precisa do cantor,
como o prego precisa do martelo
e o martelo do artesão.

Preciso de ti como a canção não feita
ainda precisa do poeta
como a caneta precisa da
mão que cria com ela,
como o desesperado precisa
do amor,
como o navegante precisa
do mar,
e o mar precisa da terra
para se saber mar.

Preciso de ti como o desvalido
precisa da mão amiga que o
ampara,
como o enfermo precisa da
saúde
e a alma desesperada do
perdão.

Preciso de ti, Ana Maria, Nita,
menina minha,
casa comigo!
Genève, 6-2-88

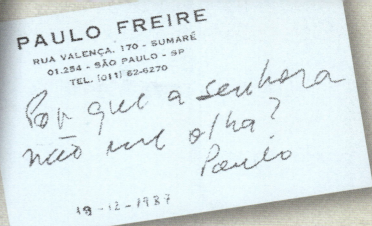

Nita Freire e Paulo Freire

Nós dois

(Crônicas, Fotografias e Cartas de Amor)

Paz & Terra

2013

Título original: *Nós dois*
© 2013 Editora Villa das Letras
© desta edição: Editora Paz e Terra, 2013

As fotos, cartas e bilhetes reproduzidos no livro pertencem ao arquivo pessoal de Nita Freire.

Direitos de edição da obra em língua portuguesa adquiridos pela EDITORA PAZ E TERRA. Todos os direitos reservados. Nenhuma parte desta obra pode ser apropriada e estocada em sistema de banco de dados ou processo similar, em qualquer forma ou meio, seja eletrônico, de fotocópia, gravação etc., sem a permissão do detentor do copirraite.

Editora Paz e Terra Ltda.
Rua do Triunfo, 177 — Sta. Ifigênia — São Paulo — Tel: (011) 3337-8399
www.pazeterra.com.br

Seja um leitor preferencial Record.
Cadastre-se e receba informações sobre nossos lançamentos e nossas promoções.

Atendimento e venda direta ao leitor:
mdireto@record.com.br ou (21) 2585-2002

Texto revisto pelo novo acordo da Língua Portuguesa.

DADOS INTERNACIONAIS DE CATALOGAÇÃO NA PUBLICAÇÃO (CIP)
(CÂMARA BRASILEIRA DO LIVRO, SP, BRASIL)

Freire, Ana Maria Araújo
  Nós dois / Ana Maria Araújo Freire, Paulo
Freire. -- São Paulo : Paz e Terra, 2013.

  ISBN 978-85-7753-258-2

  1. Cartas de amor 2. Casamento 3. Crônicas
4. Educadores - Brasil 5. Fotografias 6. Freire,
Ana Maria Araújo 7. Freire, Paulo, 1921-1997
I. Título.

13-04710   CDD-869.9803

ÍNDICES PARA CATÁLOGO SISTEMÁTICO:

1. Crônicas, fotografias e cartas de amor :
    Memórias autobiográficas : Literatura
    brasileira 869.9803

Sumário

Parte I
Começando a dizer deste livro
(Aproximando-nos dos nossos leitores e leitoras) .7
Poema para Nita, de Mara Monteiro .8
Prefácio, por Marta Suplicy .9
É preciso dizer: 13 anos depois… .12

Parte II
Preâmbulos do amor a ser vivido
(Algumas anotações e cartas para Paulo do diário de Nita) .19

Parte III
A alegria e a paixão do amor em prosa e verso
(Algumas cartas, poesias e bilhetes de Paulo para Nita) .45

Parte IV
Fotografias de Nita e Paulo
(Fotos que falam por si sós…) .83

PARTE V

Recordações do amor vivido

*(Crônicas de amor de Nita sobre a sua vida cotidiana
com Paulo)* .127

PARTE VI

Cartas de dor e saudades

(Três cartas de Nita para Paulo depois de sua partida) .301

PARTE VII

Ainda algumas coisas a dizer

(Últimos recados aos nossos leitores e leitoras) .309

Posfácio, por Mario Sergio Cortella .311

Epílogo, por Alípio Casali .313

Últimas palavras .316

PARTE I

Começando a dizer deste livro

(Aproximando-nos dos nossos leitores e leitoras)

Poema para Nita

E a vida permitiu
Que viesse Nita, infinita
Não sombra, mas luz
Que espalha no tempo o fermento
Da palavra que crava
Reproduz, reluz.

E com toda grandeza brilha
na trilha de cada amanhecer
porque a vida é muito mais,
mais que ter, é ser,
e sendo, deixa pegadas
por mais longa que seja a caminhada
deixa a fala, a escrita inscrita
perpetuada no tempo
Nas lembranças, em Nita.

MARA MONTEIRO
24 de abril de 2004

Prefácio[1]

MARTA SUPLICY

A elaboração da dor, da perda, é um dos trajetos mais duros a ser percorrido pelo ser humano. A morte de um pai, mãe, filho ou de um grande amor não é substituível; não há conforto que apague a dor. Cada pessoa encontra um canto particular para o seu choro e, aos poucos, o coração para de sangrar. No entanto sempre restam feridas.

Nita, que conheci junto com Paulo Freire, logo me chamou a atenção pelo carinho e companheirismo com que tratava seu marido. Eu conhecia a história de amor por ele vivida com sua primeira mulher, Elza. Todos os amigos comuns que haviam convivido com o casal no exílio, no Chile, contavam sobre esse matrimônio tão feliz. Quando soube que Paulo se casara novamente, com uma aluna, fiquei surpresa e curiosa. Mas, para dizer a verdade, estava um pouco decepcionada: *Como?! Um grande amor deve ficar preservado para sempre!*

Que bobagem pensar assim. Observando a relação de Paulo e Nita, aprendi que quem vive uma relação gratificante sabe exa-

1. Prefácio de Marta Suplicy, escrito em 1998, para a primeira publicação de *Nita e Paulo: crônicas de amor.* *São Paulo: Olho d'Água, 1998.*

tamente o significado e a possibilidade dessa bênção. E busca. E se é um escolhido dos deuses, encontra. Foi o que ocorreu com essas duas almas parceiras. Não existe só uma metade da laranja. Para o ser humano são várias as possibilidades de encontro, de completude. Paulo conseguiu esse feito, teve a capacidade de se permitir procurar, e a sorte de encontrar, uma segunda e grande companheira. Os olhares cúmplices que trocavam, o carinho que corria solto no ambiente onde estivessem, a dedicação de um ao outro era um prazer de ver e um cumprimento à capacidade de viver.

Quando Nita me falou sobre um livro "acerca do meu cotidiano e de Paulo", percebi que ela arrumara uma forma de trazer a dor para perto, acolhê-la e, aos poucos, estancar o sangramento e cuidar só da ferida. Este belíssimo livro é isso. Lya Luft fez, a partir da dor da perda de Hélio Pellegrino, lindos e difíceis poemas. Existem belíssimos quadros e livros, frutos dessa capacidade só nossa, dos humanos, de sublimação da perda.

Nita aqui escreve: "Pretendo matar saudades de Paulo antes que elas me imobilizem." Certamente este livro a coloca em movimento na direção certa, na direção da vida. Mas também dá a nós, amigos e leitores encantados por Paulo, a possibilidade de conviver mais intimamente com ele.

Ninguém consegue ser um pensador comprometido com o oprimido sem um profundo contato com seu sentir. Fiquei muito emocionada com a percepção talvez a mais singela do livro: refiro-me à mulher desconhecida que, com sua figura, fez Paulo perceber que estava vivo. Ela não falou com ele, mas, pelo seu andar, fez com que percebesse seu desejo, a hora de abrir o coração para uma nova vida amorosa. Sem culpas. Para a vida que ainda existia. E o inconsciente, no seu implacável saber, deu visibilidade à imagem de Nita.

Nita e Paulo ilumina a forma como Paulo caminhou na compreensão e elaboração do mundo. Aponta como ele — menino sem grandes horizontes em Recife, com dificuldades financeiras e dor no lar — lidava com o novo. Como ele desenvolveu a aprendizagem, a criatividade e o pensar sobre o que não conhecia, sobre o desconhecido com que não se tem intimidade e dá medo.

Nita e Paulo é lindo, profundo e singelo, como é todo amor. Obrigada, Nita, por nos permitir conhecer um pouco da intimidade e grandeza de um dos humanistas mais importantes do século XX.

É preciso dizer:
13 anos depois...

NITA FREIRE

Passados exatamente treze anos da publicação do livro *Nita e Paulo: crônicas de amor*,[2] pensei que deveria refazê-lo, acrescentando às minhas crônicas algumas passagens de meu diário, fotografias que traduzissem fielmente o clima que vivemos, eu com Paulo, e algumas cartas e bilhetes de amor que ele me escreveu.

Relutei em torná-los públicos. Pensei muito e ponderei comigo mesma: devo conservá-las, as cartas de amor, somente para mim, "condenando-as" assim apenas ao meu deleite privado, para as ler de vez em quando, nos momentos de extrema saudade de meu marido?

Com este livro, acredito, cumpro meu dever de apresentar Paulo Freire como sua mulher, não em sua totalidade de ser no mundo, mas em sua faceta de imensa grandeza e inteireza. No "destino" mais genuíno de seu ser, o de saber amar, pois anteriormente escrevi sua biografia,[3] que me desafiou e me preocupou nos sete anos em que a produzi. Foi

2. São Paulo: Olho d'Água, 1998.

3. *Paulo Freire: uma história de vida.* Indaiatuba: Villa das Letras, 2006. Por este livro, fui contemplada com o segundo lugar no Prêmio Jabuti 2007, na categoria Biografia.

uma tarefa que muito me orgulho de ter feito, com amor, dedicação e seriedade.

No fundo, *Nós dois*, com textos meus e alguns dele que organizei, é um convite para nossos leitores e leitoras virem conviver um pouco conosco, para saberem e sentirem como é bom e importante — tanto para as pessoas que têm o gosto de amar como para aquelas que, mesmo timidamente, querem romper "as esquinas arestosas" do sentir-se sozinhas e isoladas — entrar em seus próprios sentimentos e perceber que o que gera (ou deveria gerar) e justifica a vida é o amor. Tudo isso tendo como pano de fundo um pouco da minha história de amor com Paulo e, obviamente, dele comigo.

Meu sentimento e minha razão me revelam: por que não dizer aos homens que, se eles querem ser amados, têm que amar a mulher e proclamar isso sem pudor, sem vergonha, com alegria, publicamente? Numa sociedade ainda marcada pelo machismo, que acabrunha e diminui o homem tanto quanto a mulher, revelar que um homem conhecido e respeitado em todo o mundo pela inteligência privilegiada, pelo trabalho intelectual em favor do humanismo mais autêntico, pela luta destemida em prol dos despossuídos e oprimidos, que influencia cientistas das mais diversas áreas do saber com sua teoria educacional ético-político-crítica, é um *menino amoroso* no dia a dia, terá, acredito, um impacto positivo entre aqueles que têm medo de amar, que não aprenderam a amar para atingir a felicidade *com* a parceira.[4]

Eu quis alcançar também, obviamente, com os poucos escritos de Paulo e com os meus, as mulheres. Aquelas que já viveram mais anos de vida e querem refazer sua vida anterior, nem sempre feliz ou mesmo muito feliz; outras que, ainda vivendo com o parceiro, não são plenamente felizes, ou até são, mas têm curiosidade de conhecer outras histórias de amor. Este livro se destina também às mulheres que, jovens ainda, procuram encontrar o "príncipe encantado", que pensam que existe.

Acredito que não existe e nunca existiu príncipe encantado para ninguém. Nós é que construímos, ou não, a nossa felicidade.

Para sermos felizes no casamento, num segundo casamento, precisamos antes de tudo *enterrar* simbolicamente nossos amores de antes. Reviver a cada momento nossos antigos companheiros inviabiliza uma nova relação harmônica, amorosa, feliz e de paz conjugal. É claro que o que vivemos antes não pode nem deve ser esquecido, faz parte do nosso patrimônio de vida, já impregnado na *nossa existência*, quer queiramos, quer não. Não há por que esquecê-los. Há, sim, que tê-los dentro de nós como lembrança de saudades, mas nunca como experiência a ser recordada a toda hora em comparações, para exibirmos ao parceiro quanto fomos felizes ou tivemos dificuldades em nossas relações nos casamentos primeiros.

4. Dados estatísticos publicados em maio de 2012 informam que, a cada cinco minutos, uma mulher brasileira é vítima de violência por parte de algum homem próximo — marido, ex-marido, companheiro, noivo, namorado, pai, irmão ou vizinho.

O que transcrevi de meu diário, na primeira parte deste livro, deixa isso muito claro. Vivemos, cada um de nós, a dor da perda primeira, testemunhada pelo outro. Paulo foi testemunha de minha dor pela perda de Raul, assim como fui da sua por Elza. Nós nos "curamos" ao cuidar juntos das nossas feridas, cada um da sua, mutuamente, e a do outro, explicitamente.

Nós é que construímos, ou não, a nossa felicidade, repito. Felicidade que se faz e refaz no dia a dia, no passo a passo, com *admiração* e *confiança* um no outro, com *paciência* para entender as fragilidades do outro. Com *tolerância* diante de nossas diferenças. Com *paixão* e *sensualidade*. Com extrema *amizade*. Com *total cumplicidade*. Com *fidelidade* e *lealdade*. Com muito *respeito* no trato com o outro. Com um pouco de *abnegação*, desde que não ultrapasse o limite de nossa identidade. Com *amor*, com muito amor.

Houve mais um sentimento muito forte entre nós, Paulo e eu, devo acrescentar e salientar: a *fascinação*. Nascida muito antes de nos revelarmos um ao outro no amor revestido de paixão e de erotismo, tensa, à flor da pele. A fascinação que não soubemos por que existiu nem como e quando surgiu.

Sem essas virtudes, vividas plena e autenticamente por ambas as partes, pelo homem e pela mulher — ou pelos homens e pelas mulheres entre si, nos casamentos homossexuais —, não há como ser feliz no casamento, estou certa disso. O "bicho homem ou mulher", o ser ético homem ou mulher, não pode abrir mão dessas virtudes para se fazer e se sentir feliz a dois, acredito.

Casamento não é "dois em um", mas de certa maneira há que haver uma busca de unidade entre os dois, sem a qual o casal é apenas uma dupla, com condutas, idiossincrasias e interesses exclusivamente pessoais, que "divide" a casa, os filhos, as contas a pagar. As férias, as festas e, às vezes, as tristezas e decepções. Assim não pode haver uma vida em comum. Não há casamento. Não é uma aliança.

Para ser feliz, no meu caso, para ser verdadeiramente feliz com Paulo, entendi, por exemplo, que eu teria que deixar o trabalho docente. Não seria compatível com a vida de Paulo, cheia de convites para as mais diversas atividades acadêmicas no mundo todo. Tampouco eu poderia prendê-lo a São Paulo, por entender que mulher que se preze não abre mão de suas conquistas, ou abandoná-lo a cumprir seus compromissos sozinho. Eu tinha lutado muito e dava aulas em três universidades, mas preferi abrir mão disso e viver minha cumplicidade com ele, ficar ao lado dele, pois seria ridículo de minha parte querer avaliar quem deveria deixar o trabalho e acompanhar o outro. É claro que ele fazia coisas muito mais importantes e significativas do que eu. Constatar isso não me entristeceu, humilhou ou diminuiu — antes, me fez mais generosa e realista. Nunca me arrependi da opção de ficar *com* Paulo. Aprendi tanto ou mais o ouvindo e ouvindo muitos dos mais importantes intelectuais do mundo, quando o acompanhava mundo afora, do que se tivesse permanecido dando minhas aulas, mesmo que estudando muito para praticá-las com seriedade e competência.

Nossas experiências de admiração, confiança, paciência, tolerância, amizade, fascinação, respeito, fidelidade e lealdade, amor e abnegação, vocês, nossos leitores e leitoras, as encontrarão ao longo das cartas e das crônicas. E também nas fotos, que falam por si sós.

Uma coisa é imperioso dizer: não fomos nem santos nem anjos vivendo a dois, fomos duas pessoas que queriam construir uma vida comum sem medo de ser felizes. Assim, contraditoriamente, não temíamos as brigas, as discordâncias, as raivas ou as discussões, mas sempre dentro do mais rigoroso respeito. Nunca tratei Paulo como um mito ou alguém a quem não poderia dizer de minhas discordâncias acerca do que ele dizia ou fazia. Tratei-o sempre como "meu homem" — assim como ele me tratou sempre como "minha mulher" —, com o qual, portanto, deveria discutir nossas diferenças. Nunca houve entre nós, nos momentos de dissabores, um querendo ofender, menosprezar ou diminuir o outro. Isso nunca! Numa relação madura, na maturidade, não há lugar para isso.

Enfim, este livro tem, sobretudo, a intenção de resgatar a *valentia de amar* que tivemos eu e Paulo, de nos amar sem restrições, sem inibições, sem medos e sem limites que não fossem os éticos. Ambos tínhamos acabado de sair de matrimônios duradouros — eu tinha perdido Raul depois de 35 anos de ligação, quase trinta de casamento; e Paulo enviuvara onze meses depois de mim, após 42 anos de vida em comum com Elza.

Por fim, quero ainda dizer que não me proponho a ser "conselheira matrimonial" — longe de mim pensar que escrevi um livro de autoajuda. Isso me dá calafrios. Fiz este livro porque acredito que contar sobre uma experiência tão bonita e plena quanto foi a minha com Paulo estimularia mais pessoas a se abrirem a essa *maravilhosa aventura que é amar* e casar na "terceira idade", ou, como queiram, na "melhor idade". Independentemente do que pensam alguns dos que nos cercam.

Partindo do velho *Nita e Paulo: crônicas de amor*, de minha autoria, e acrescentando fotografias de nós dois, outras crônicas e cartas, nasceu *Nós dois*. Assim, este livro novo, em coautoria com Paulo, tem a intenção de nos presentear a ambos no ano em que ele completaria noventa anos, louvando e celebrando nossa história de amor vivido.

Setembro de 2011
Reelaborado em 2013

PARTE II

Preâmbulos do amor a ser vivido

(Algumas anotações e cartas para Paulo do diário de Nita)

Anotações de meu diário

Quinta-feira, 11 de junho de 1987

Sei, mais do que intuo, que neste dia começa uma nova fase de minha vida! Paulo, desde outubro de 1986, quando Elza faleceu, eu não tinha sessão de orientação da dissertação com você. Hoje, neste dia marcado por você, vim trazer o que eu escrevi.

A manhã estava muito fria. Cheguei na hora combinada, mas você ainda estava recolhido em seu quarto. Genildo me deixou no terraço de entrada da casa o esperando. Na noite anterior, você tinha recebido Lula [depois nosso presidente] e correligionários do PT até altas horas, para discutir a política nacional, por isso você perdeu a hora de acordar... Ao me ver ali, você ficou embaraçado e me pediu desculpas. Convidou-me a entrar na casa. Passado o descompasso, como sempre, me senti bem acolhida, bem-recebida por você. Senti, desta vez, uma diferença marcante no seu olhar, no seu jeito de caminhar...

Você tomou o seu café da manhã e começamos a trabalhar. De repente, interrompendo os trabalhos de orientação, você me disse que eu estava bonita, mas de uma beleza que vinha de dentro, que do meu semblante tinha desaparecido a marca do sofrimento e da dor pela morte de Raul. Repetiu mais uma vez: "Você está tão bonita!", interrompendo a minha leitura da dissertação. Por insistência sua, fiquei inquietamente o esperando para o almoço enquanto você foi cortar o cabelo e a barba.

Ao voltar, antes do almoço, você me ofereceu um cálice de cachaça e, com outro na mão, fez um brinde, repetindo: "À sua *boniteza*. Você está tão bonita, Nita, com a mesma *boniteza* dos tempos de sua juventude."

Ri gostosamente, alegremente.[5] Isso me tocou profundamente. Tocaria qualquer mulher ouvir declaração tão lisonjeira de um homem como você, que sabe apreciar a beleza das pessoas e das coisas. E só fala aquilo em que acredita. Na verdade, senti que esse elogio escondia algo de novo que estava por vir, ou melhor, já estava chegando... já tinha chegado, sutilmente...

Conversamos. Na hora de sair, beijamo-nos suavemente. Abraçamo-nos ternamente. Vislumbrei a VIDA novamente, outra vez.

Cheguei à minha casa e encontrei minha filha Heliana, que tinha chegado de Campinas, onde estuda engenharia de alimentos, e me trazido um exemplar do *Jornal da Unicamp* com uma entrevista sua. Conversamos sobre Raul. Depois li a entrevista e grifei duas coisas: "ser sério neste país é ser revolucionário" e "optei por viver". Senti que isso se referia a mim.[6]

---

5. Paulo me disse depois que meu sorriso e minhas barrocas marcantemente abertas na face lhe deram a certeza de que eu o estava aceitando.

6. Posteriormente, Paulo me confessou que, ao dar a entrevista e dizer que havia optado pela vida, tinha em mente a possibilidade de vir a ter uma relação amorosa comigo.

Quinta-feira, 18 de junho de 1987

Paulo, esperei que você me telefonasse, conforme prometera. Seu silêncio está me perturbando. Resolvi, então, com firmeza e claramente, que eu deveria lhe telefonar. Tomando um lanche em casa antes de ir dar as aulas noturnas na Faculdade de Moema, tentei algumas vezes, mas seu telefone dava sempre ocupado. Ao chegar à faculdade lhe telefonei. Disse-lhe:

— Paulo, entre outras coisas, queria pedir sua interferência para eu conseguir uma bolsa de estudos do CNPq. Estou precisando de mais tempo para escrever e trabalhar em casa, minha carga horária de aulas é muito grande e não posso abrir mão de meu salário, pois minhas contas a pagar são grandes...

— Amanhã mesmo vou a Brasília e vou pedir essa ajuda que você precisa, pois seu trabalho é muito bom.

Depois, afoito e meio sem jeito, com voz tímida e romântica ao mesmo tempo, você me disse, Paulo, que estava receoso de perder a hora de despertar amanhã, pois estava frio, muito frio, as madrugadas eram escuras e você não tinha despertador.

— Poderias me acordar amanhã às 6h30?

Concordei! Desligamos o telefone. Cheguei rindo à sala dos professores, pois minha felicidade era grande. Seu tom de voz, Paulo, me dizia muitas coisas. Alguns colegas me perguntaram:

— O que de bom te aconteceu, Ana?

— Ana, você vendeu sua casa de campo? — arriscou Marisa.

— Não, Marisa, creio que coisa ainda melhor pode acontecer em minha vida!

Sexta-feira, 19 de junho de 1987

Na hora combinada, sonolenta, lhe telefonei para acordá-lo, Paulo. Você me respondeu com afeto, muito afeto.

— Sabias que tenho pensado muito em você?

— Não, não sabia! — respondi-lhe.

Na verdade, suspeitava fazia poucos dias, desde o dia em que retornara à orientação de minha dissertação... Ri de felicidade, com felicidade, e repeti-lhe que não sabia.

O mundo começou a me parecer diferente. Depois eu falava a mim mesma, sozinha no quarto: "Paulo, no momento em que nos falamos hoje cedo por telefone, senti uma coisa maravilhosa!!! Você me devolveu a certeza de que posso amar e ser amada novamente. Há coisa mais revigorante e sublime do que isso para uma mulher de mais de cinquenta anos? Ter ouvido de você coisas tão amorosas quando a minha vida parecia ter chegado ao fim?"

Tudo à minha volta, que lentamente estava passando para um cotidiano de solidão e de amargura, subitamente me revelou o grande mistério da vida: ser tocada pelo amor. Agora por um novo amor! Pelo amor de Paulo!

Tinha dormido pouco, mas não consegui pegar no sono outra vez.

Paulo! Fiquei alucinadamente virando "de ponta-cabeça" na cama. Ficava de pé sobre ela e quase gritando, me sentindo uma adolescente — e o era verdadeiramente naquele momento —, me dizia repetidas vezes: *Vou amar e ser amada outra vez! Vou amar e ser amada outra vez! Vou amar e ser amada outra vez!...*

Virando cambalhotas em profusão, com a alma inebriada pela possibilidade de uma nova vida em que você, Paulo, me fez acreditar com seu tom de voz, com suas palavras, com sua respiração... Estou delirando de alegria! Sensação de profunda felicidade, de novas perspectivas, de novos *sonhos*, de imenso contentamento que estou antevendo irei viver! Raros momentos de minha vida foram mais significativos e emblemáticos do que este!!! Experiência única e maravilhosa!!!

Telefonei hoje à noite para você, Paulo, pois você tinha me dito de manhã: "Quero te ver hoje à noite!!!" Um *quero* com tanta força como talvez jamais tinha ouvido!

Não saí com Heliana para ir vê-lo, mas você chegou cansado do trabalho na UnB e da viagem de avião... Ademais, você estava com a casa cheia de visitas, uma filha e suas netas.

Você me convidou:

— Te espero para almoçar no dia 1º de julho, quarta, quando terei voltado de Cuba.

Domingo, 21 de junho de 1987

À noite liguei para minha mãe e ela me disse que havia falado de mim a você... e você, Paulo, de mim a ela! Ela mal poderia imaginar o que se passava entre nós dois!!!

Segunda-feira, 22 de junho de 1987

Você viajou hoje para Cuba, Paulo. Vai voltar no fim do mês.

Fui à fonoaudióloga e ela me perguntou o que tinha acontecido em minha vida... Meu problema nas cordas vocais estava praticamente superado... "Coisas do amor", respondi-lhe. Ela não compreendeu nada...

Quarta-feira, 1º de julho de 1987

Paulo, telefonei-lhe e você me confirmou que estava me esperando em sua casa. Me arrumei toda, para você! Logo ao me ver, você me disse que eu estava vaidosa e bonita. Almoçamos. Sozinhos, você ligou a vitrola. A letra da música tinha algo que ver com o que se passava entre nós. Não me lembro das palavras, mas elas diziam algo muito significativo para nós dois. E nós as ouvimos atentamente.

Você sentou-se numa cadeira, bem junto da poltrona onde eu estava, bem juntinho, e beijou-me. Beijamo-nos suavemente.

— Quero viver com você, Nita!

— Eu também quero viver com você, Paulo! Quero viver tudo o que tenho direito de viver com você. Já sei um pouco do que você espera de mim.

O seu olhar, a sua voz, as suas palavras — "Te telefono na manhã de minha chegada, logo após que chegue em casa" -, ditas tanto com firmeza quanto suavidade no nosso último encontro antes de sua viagem, me induziram a pensar que você quer, realmente, viver comigo algo muito intenso. Algo que devemos viver e sentir, reinventando a vida na idade adulta. Sou outra mulher! Sinto que você, Paulo, é outro homem. Não tenho dúvidas de que nos queremos um para o outro, respeitando-nos mutuamente!!!

— Fico aqui lhe esperando! — disse-lhe antes da sua viagem.

Que bom, Paulo, que você me respondeu com seu olhar brilhante, resplandecente, num silêncio que dizia muito, que tinha entendido tudo o que eu queria dizer com essa minha frase tão simples!

Sexta-feira, 3 de julho de 1987

Estudo na minha cama, atendo o telefone. Você, Paulo, me ligou, eu esperava por isso. Você queria me ver.

Saí apressada ao banco para mandar dinheiro para Heliana, voltei correndo, estou em casa o esperando. Você chegou depois, adolescentemente, alegre e amoroso.

Demonstrou preocupação pelo fato de eu não querer casar outra vez. "De minha parte, espero de você, Paulo, apenas duas coisas", disse-lhe. "Primeiro, cuidado, afeto e querer bem. Segundo, quero amor, muito amor!" Você não pediu nada de mim, mas eu adivinhava do seu corpo, do seu olhar, o que queria de mim.

Paulo, não resisto... Seu tocar é inebriante, muito mais que suas pertinentes e belas palavras científicas ao escrever seus livros. Você é muito melhor como meu companheiro do que como educador e escritor... Você gostou do elogio! Gostou muito e ficou radiante, porque valoriza mais o seu sentir do que o seu pensar... Seus olhos se tornaram ainda mais brilhantes... Olhou-me com os olhos faiscando de felicidade!!!

Caminharemos juntos nos conhecendo até... os oitenta... os noventa anos. Você, Paulo, tem a têmpera e a genialidade de um Picasso, de um Chaplin... Você me diz que não é um gênio, mas continuo achando que o é...

Levei-o de volta à sua casa.

Domingo, 5 de julho de 1987

Diário de uma ausência (ou de um renascer?!)

Não consigo ler a *História econômica do Brasil* nem escrever minha dissertação.

Agora são onze horas da manhã. Na minha cama, reclinada, estou ouvindo, como sempre, música clássica, tentando trabalhar na minha dissertação.

Incrível! Passei a noite "pensando", acordei com sua presença, me sinto "suavemente presa", magnetizada pelo seu espírito de mansidão, de saber como ninguém "querer bem". Me pergunto, me conscientizo da grandeza de ser querida por duas pessoas tão grandes como você e Raul. Agora choro de emoção, de saudades e de solidão, cercada de sentimentos tão doces, tão profundos, mas tão difíceis de entender e de viver. Não é fácil ser amada de forma irrestrita como tenho sido. Eu, tão "cheia de defeitos", ser escolhida para compartilhar a vida com duas pessoas tão sensíveis, tão prenhes de amor para dar.

Choro de emoção! Espero, certamente em vão, que você me telefone da Califórnia. Com a mesma intensidade com que esperei que Raul continuasse me amando após a morte. Ontem, sábado à noite, estudava e ouvia o concerto do Festival de Inverno de Campos do Jordão. Foi lindo. Vibrei com os jovens tocando seus instrumentos e se alegrando com os sons. Misturei o concerto, o Hino Nacional, você e Raul. Preciso também acabar com meus "fantasmas"! Cada coisa em seu tempo e lugar! Choro muito. Quero viver livre, aqui e agora, viver com você apesar das circunstâncias anteriores, que nos foram dadas pela vida de tantos anos vividos.

Seremos capazes de superar tudo porque "optar por viver" e "ser sério é ser revolucionário"?! Acho que sim! Vamos fazer nossa revolução interna?! Vamos, serena e tranquilamente, construindo, fazendo nossas vidas um para o outro?! Somente isso! Escrever um no corpo do outro, juntos, ao mesmo tempo, a história, o livro, o mundo, o carinho, o afeto, o bem-querer, a paixão, o amor que nossos corpos (e nossas mentes) pedem e querem um do outro?!

Sábado, 11 de julho de 1987

Minha despedida de Raul

Hoje é sábado, 11 de julho. Vim sozinha para o sítio. Agora estou tomando sol à beira da piscina. Lembra-se, Raul, de como gosto do sol daqui? Reli o que lhe escrevi na madrugada do dia 9 para o dia 10. Choro muito. Estou triste. Quero-lhe bem, muito bem. Tenho pensado em Paulo como algo vivo e muito especial, que me faz viver outra vez, intensamente outra vez. Revivo você! Parei. Olhei a nossa casa. É linda! Construímos juntos. A última coisa que fizemos juntos? Não. Nos amamos muito... brigamos por ciúmes, por tolices... por desencontros de quem casa muito cedo, até o último momento de sua vida.

Vim aqui porque preciso ver as coisas da casa, mas principalmente para reviver você. Saber, rever, compreender nossos últimos anos. Estar no "ponto de encontro de nós HASCHE", nossa chácara, sentindo sempre você com seu coração boníssimo, manso e puro.

Você era tão sensível que só agora posso perceber plenamente. Agora, Raul, posso perceber tudo sobre nós dois. Ou quase tudo?! O porquê, o quando, o como nos amamos... Quanto desejo agora de desenrolar os fios da vida e retomá-los, não os enrolando displicentemente, mas tecendo-os com mais sensibilidade, mais meiguice e com mais carinho ainda.

Estou mais calma. Um beijo. Sua Nita.

P.S.: Consegui ontem uma bolsa de estudos da PUC/CAPES. A do CNPq não saiu... Agora, Raul, quero e vou acabar minha dissertação. Você virá e a ouvirá quando eu a defender. Paulo estará junto a mim, me cuidando!

Domingo, 27 de dezembro de 1987

Paulo tinha decidido que ficaria o Natal de 1987 com suas filhas, netas e neto em Itanhaém. Eu resolvi ir para o Recife ficar com minha mãe, que estava extremamente feliz com meu namoro com Paulo. Ficaria até depois do ano-novo, mas Paulo ficou com tantas saudades de mim que me telefonou pedindo que voltasse para São Paulo, pois ele estava vindo da praia para me encontrar!

P.S.: Passamos o Réveillon juntos e felizes!

Sábado, 23 de janeiro de 1988

Acabo de lhe deixar no aeroporto, Paulo. Você foi receber seu título de doutor pela Universidade de Barcelona. Cheguei à minha casa na Berrini. Tudo fechado, quente, abafado. Fazia dias que eu não vinha aqui.

Estou e sinto que estou sem o seu olhar, seu calor, o seu amor. Sinto saudades e lembro-me da triste solidão que me consumia e que agora não mais a tenho. Do vazio de antes que sua presença, felizmente, preencheu e que mesmo sua ausência não é mais capaz de devolvê-la porque sei que você está agora pensando em mim. Sua ausência é temporária. Saí do vazio para nunca mais voltar, tenho certeza disso. Estou com você para sempre. Amo você, Paulo meu.

Domingo, 24 de janeiro de 1988

Dormi sem a máscara nos olhos que você acha que nos separa. Acordei sozinha lhe procurando. Senti sua falta. Falta do seu afago, do seu riso contido, do seu "bom dia!". Esperei o telefone tocar. Liguei para a Varig para saber se o avião tinha chegado bem ao seu destino final. Você me telefonou. Falei com você. Ouvi extasiada a sua voz lendo um poema seu para mim. Vibrei! "Enlouqueci" de alegria! Gostei!

Você me telefonou outra vez, fiquei surpresa. Adorei. São coisas da paixão e do amor. Do amor eterno que será o nosso se nutrindo dia a dia, do amor, do entendimento, da meiguice, da sensibilidade e da vontade de querer bem. Da tolerância com nossas diferenças!

Segunda-feira, 25 de janeiro de 1988

Paulo, você está em Madri. Dormi porque pensei em você. Acordei para pensar em você. Não consigo começar a estudar. Estou inebriada lembrando-me de seu sorriso e de sua mão. Seu sorriso de querer bem, sua mão de mais querer bem. Sinto sua falta. Falta do seu corpo abraçando-me, beijando-me, perguntando-me: "Estás bem?" Sinto sua falta, Paulo!

Ontem você me telefonou ao chegar a Madri e outra vez à noite. Hoje ouvi você de manhã e acabo de ligar para você. Queria tanto você ao meu lado. Desejo e vontade que têm que esperar o seu retorno. Esta espera é mais curta, muito mais curta do que a espera para *nos encontrarmos na esquina da vida*. Espera que não é esperança. Espera que é certeza. Certeza do encontro certo. Certeza do amor. Certeza do amor certo.

Gostei de suas poesias, maravilhosas! Quero receber tanto amor, quero dar tanto amor porque estou certa de que estamos nos amando no amor certo, no amor maduro, no amor pleno, Paulo.

Terça-feira, 26 de janeiro de 1988

Tenho o amado tanto, quanto sou amada, Paulo. Tenho recebido bilhetes, cartas e poesias que não sei retribuir. Estou em paz porque você me aceita e me ama com todas as minhas limitações, inibições, proibições. Gostaria de escrever e fazer poesias, mas só posso lhe oferecer meu sorriso, minha barroca que você tanto gosta, minha alma, meu ser. Só posso oferecer--lhe eu mesma como "menina", mulher e *esposamante*. Só posso lhe oferecer a mim mesma como você me nomeia Nita, Ana, Ana Maria, Nitae. Muitos nomes, mas uma pessoa só: NITA, como você prefere me chamar!!! Como você tem tanto gosto em me chamar: "Nita, menina minha!"

Quarta-feira, 27 de janeiro de 1988

Faz três dias que escrevo muito na minha dissertação. Hoje, Paulo, só posso lhe oferecer minha tensão, meu medo, minha insegurança. Você me telefonou de Madri triste, acabrunhado, voz mansa e tímida. Sentia muitas saudades de mim... Amo você, Paulo. Você me leu mais uma poesia sua para mim, vou ter que aumentar o meu álbum para colecioná-las...

Vou ver se durmo, meu amor.

Quinta-feira, 28 de janeiro de 1988

Paulo, esqueci de comprar o jornal de ontem com sua reportagem, coisa de quem está numa grande expectativa. De quem ansiosamente está vivendo uma nova e encantadora vida nova. Hoje, quero esquecer a quarta e a quinta-feiras para viver todas as segundas, terças, quartas, quintas, sextas, sábados e domingos a que temos direito!!! Com vida, paciência, seriedade e amor. Com ardor e fulgor!

Sexta-feira, 29 de janeiro de 1988

Estou bem... só me lembro de você, Paulo, embora aflita porque não pude conversar com você ontem. Vou continuar tentando ligação para a casa de Doureen. Amo você, Paulo, e estou na expectativa de dias melhores, mais prazerosos, mais felizes ainda! Juntos! Será possível? Sempre é possível melhorar, curtir, namorar, adorar mais o amor que amamos! E faremos isso, não tenho dúvidas! Nós dois queremos isso!

Agora de tarde estou sentindo angústia, não estou bem. Acho que são as saudades de você... Preciso falar com você, preciso sentir você. Que saudades! Amo-o muito, Paulo!

Sábado, 30 de janeiro de 1988

Paulo, quero você, e só você, para mim. Me sinto adolescente e o espero para continuarmos a vida juntos, muito juntos. Não quero sentir medo, raivas sem motivo e insegurança na minha vida com você. Estou sentindo que sou gente com todas as minhas limitações. Paulo, é muito bom saber que, antes do gênio criativo que você é, você é gente, você é MEU!

Terça-feira, 2 de fevereiro de 1988

Enviei hoje o seguinte fax para Paulo depois de termos falado por telefone:

"Paulo meu, você recebeu hoje o título de *doutor honoris causa* da Universidade de Barcelona. Ficamos, você lá, eu cá, emocionados! Quero mais do que o anel que você recebeu na solenidade no meu dedo, o qual você me disse que é meu, quero você. Tenho sentido muito a sua falta!

Com amor, ternura, paixão, carinho e afeto. Nita."

Quinta-feira, 4 de fevereiro de 1988

Você ligou logo cedo, às 9h da manhã, de São Paulo. De tarde: chegaram suas cartas-poesias, dois envelopes da Espanha, com cinco escritos em cada um. Vibrei, delirei de ternura, de paixão, de amor. Cartas lindas, palavras doces. Você me seduziu para sempre! Sempre! Para toda a minha vida! Estou feliz por isso!!!!

Você me telefonou de Genebra. De novo, novamente agora de noite, confirmando sua volta para a próxima terça-feira. Me comunicou que não iria mais à Tanzânia, que voltaria para São Paulo. Que voltaria para mim. Fiquei felicíssima. Já confirmei com a Varig o voo Zurique-São Paulo, terça, da próxima semana, às nove da manhã.

Estarei lá no aeroporto o esperando para o tempo que teremos juntos sem esperas.

Sexta-feira, 5 de fevereiro de 1988

Novamente nos falamos duas vezes por telefone. Eu liguei de noite e foi muito difícil desligar. Queria ficar dizendo, redizendo, ressentindo, a lindeza, a boniteza do nosso amor. Enorme, imenso, grande, grandioso, maravilhoso, gostoso, terno, maduro, ambicioso, majestoso, guloso, fraterno, tenso, calmo, vibrante, exuberante, explícito, encoberto, velado. AMOR! Simplesmente AMOR!

Hoje também estou muito feliz porque minha filha, Heliana, completa 22 anos de vida! Ela que foi a minha grande amiga e companheira antes de sua chegada a mim!

Abril de 1988: Dundee, Escócia, um escrito meu para Paulo na nossa primeira viagem à Europa depois de nosso casamento:

Paulo, Paulus, Paulinho... Paulo, Pau... lo!

Como amo você! Você diz que eu sei escrever. Com você só sei falar. Falar do grande amor que tenho por você. Falar de como é bom estar com você, de conviver com você, de amar você e fazer amor com você. De VIVER com, para, ao lado, de fora, observando-o, e de dentro, percebendo quem é você. Prazer de saber que estou VIVA, muito viva e que vivo porque você está com, para, ao lado, de fora e dentro de mim. Gosto de você, Paulo, porque... não sei! Porque gosto, amo, venero, admiro, respeito, namoro, adoro e enamoro cada dia mais de você... apesar... apesar dos ciúmes que lhe dão mau humor. Desculpe-me apesar de nada, apesar de tudo, apesar do passado meu e do seu também! Sou somente sua e isso me alegra sobremaneira. A vida é assim, não sou perfeita, mas sou sua, com amizade grande e amor imenso, somente sua e você somente meu.

O nosso amor é imenso como o céu, o sol, o luar, como a imensidão do cosmo. Como a imensidão do cosmo que nada toca, o amo. Amamo-nos. Como o **ar** que tudo toca, o amo. Amamo-nos. Como a **água** que tudo fertiliza, o amo. Amamo-nos. Como a **terra** que enraíza a vida e nos prende a ela, o amo. Amamo-nos. Como o **fogo** que faz tudo arder, o amo. Amamo-nos. É o amor que tudo toca (de carinho), tudo fertiliza (de prazer), tudo prende (de encanto) e tudo queima (de paixão). Carinho, prazer, encanto e paixão que me prenderam para sempre a você! E você a mim! "Desculpe estas maltraçadas linhas", como diz nossa gente do Nordeste. Sua Nita.

Agosto de 1988, escrito no cardápio, em pleno voo de Paris ao Brasil

Paulo muito querido,

Nesta madrugada de agosto de 1988 acabamos de tomar o café da manhã entre o Recife e o Rio. O avião aterrissou na nossa cidade. Ali resolvi dormir. Tive medo de olhar a cidade onde nascemos. No Rio desceremos para num novo voo chegarmos a São Paulo. Retornaremos à vida cotidiana com afazeres preponderantemente "meus" e os preponderantemente "seus", sem esquecermos que estes "meus" e estes "seus" devem se tornar os realmente e tranquilamente "nossos".

Sinto, mais do que nunca, a força de meu amor por você. Agora mais maduro porque forjado nas alegrias e na superação das decepções e tristezas da vida diária vividas nessa belíssima viagem que acabamos de fazer.

Você se queixa outra vez, muito justamente, que eu quase nunca escrevo bilhetes a você. Vai esse agora com a ternura de quem sente por você tudo o que uma mulher deseja sentir e viver *por* e *com* um homem. O desejo, o cuidado, o prazer, a decisão e a determinação para a vida.

Estamos vivendo mais profundamente ainda a nossa relação porque revivemos, em Paris — onde você trabalhou para a escolha dos melhores programas de alfabetização do mundo, que a UNESCO promove —, sobretudo na noite em Montmartre, nossas vidas passadas. Noite esta de tantas recordações e tantos choros por Raul: jantamos juntos, eu e você, Paulo, no mesmo restaurante que anos atrás eu tinha jantado com ele e parte de minha família. Nesse período da França sofremos para termos um "encontro mais profundo". Nos tornarmos, na realidade, mais conscientes de quem somos e do que queremos.

Depois visitamos Amsterdã, Haia, Bruxelas, Friburgo, Berna, Lucerna e Genebra. Nessas cidades nossos passados foram novamente lembrados e nossas dores aprofundadas para, cuidadas as nossas últimas feridas, construirmos o nosso futuro. Vivendo e revivendo com saudades os nossos passados fortes e bem vividos, tudo se abre com o presente nesta viagem inaugurado, para compreendermos que só os amores fortes, jovens e vigorosos podem viver e sair mais fortes, mais jovens e mais revigorados quando o passado deixa de ser um fantasma.

"Enterrei" simbolicamente Raul para viver em paz e plenamente com você. Você "enterrou simbolicamente" a Elza para viver em paz e plenamente comigo.

Deveria ter escrito no meu Diário de Viagem, mas, no afã do preparo da bagagem, esqueci. Viajamos no dia seguinte ao nosso casamento civil... Outras viagens virão e poderei registrá-las no meu diário! Você sempre me diz que é importante registrar; embora tenha certeza de que jamais serão esquecidos por mim os momentos vividos junto com você, vou tentar atender o seu pedido. Esta viagem, na sua segunda etapa, a de férias, diante da beleza e alegria dos dias juntos e por tudo que você significa para mim, jamais será esquecida!!!

Paulo, tenha certeza, agora, saradas as últimas feridas, você significa a própria vida para mim.

Com amor grande, franco e feliz,

com ternura envolvida no desejo,

com afago mergulhado no entendimento,

com emoção tirada da doação,

sua Nita.

P.S.: Texto escrito no cardápio no retorno de Paris a São Paulo em avião da Air France, que tocou no Recife. Paulo foi à porta da aeronave para ver a sua sempre querida Recife. Fiquei, para tristeza dele, dormindo na poltrona do avião.

Noite de 10-11 de dezembro de 1991: voo de NY a Paris

Um dia, Paulo, te escrevi numa toalha igual a esta. Se não me engano, no voo de Paris a São Paulo.

Estamos novamente num voo longo, sonolentos após emoções vividas. De uma viagem que comemorou os seus setenta anos de vida, seu novo livro, mais um título de "doutor". Estados Unidos — França — Espanha — Suíça.

Eu ao seu lado, você ao meu lado. Isso não muda. O amor vem mudando porque vem aumentando... Apenas por poucos e pequenos momentos temos vivido um longe do outro, que parecem tempo sem fim, caminhar sem saber se vou chegar, falta que ensurdece, que emudece... Que quase enlouquece.

Te amo, te quero! Você exerce sobre mim, Paulo, fascínio, sedução... amor!

Estou pensando tanto sobre o que contei a Peter e Kathelen num restaurante de Nova York: "Conheço Paulo há 54 anos!" Tantos anos, não? Mas não o sinto como tal e desejo muito outros tantos anos, mas agora sempre com você ao meu lado.

Com amor,

sua Nita.

19 de agosto de 1992, enviei este bilhete, por fax, para Genebra

Paulo, hoje, 19 de agosto, faz quatro anos que nos casamos em cerimônia civil. Você me telefonou e eu tinha ido fazer minha matrícula na USP. Teria sido bom ouvir de você o mesmo que tenho a lhe dizer: sinto muito a sua falta. Sinto falta de seu olhar, de seu falar e principalmente do seu tocar. Com amor, muito amor, Nita.

PARTE III

A alegria e a paixão do amor em prosa e verso

(Algumas cartas, poesias e bilhetes de Paulo para Nita)

1º de julho de 1987:

Poema para Nita

Se ninguém te ama
ninguém me ama
também
Somos dois corações solitários
à procura de alguém
procurando um sincero carinho.
Como eu não achei
um amor de verdade
por isso vivo sozinho
Os meus dias são tão tristes, vazio
São tristes os meus dias
Suas noites são noites de solidão
São noites tão frias
Podemos tentar na verdade
Transformar em amor
nossa pia amizade!

PAULO

Dois bilhetinhos que demonstram o bom humor de Paulo,
um deles quando se deliciava comendo um pedaço de pururuca,
em dezembro de 1987.

Restaurante Colona, São Paulo, 19/12/1987

Restaurante Goiano, São Paulo, 20/12/1987

Carta que Paulo escreveu quando eu me encontrava no Recife, em visita à minha mãe, e ele em Itanhaém. Na carta está anotado o telefone de minha mãe, para onde Paulo telefonou me pedindo que retornasse a São Paulo, porque ele também estava retornando. Sua alegação era a enorme saudade que sentia:

Carta de Paulo às suas duas mulheres, a que partiu, Elza, e
a que chegou, Nita.

Eu faço cartas como quem fala,
de coração a coração.
Eu faço cartas como quem chora,
de desespero, de aflição.
Eu faço cartas como quem canta,
como quem ri,
como quem grita.
Eu vos faço cartas porque vos amo,
amadas mulheres, minhas.
Uma partiu cedinho ainda,
jamais voltou.
Não disse sequer aonde ia.
Amigo certo me disse um dia,
melhor seria guardar as cartas que
lhe escrevo. Sem endereço conhecido,
se perderiam e seria triste
que fossem lidas sem emoção.
Eu faço cartas à que partiu e à
que chegou.
Eu falo a ambas sem esconder que
as amo muito.
Não sinto culpa,
não tenho medo,
não as engano.
Tenho alma clara.
A que partiu levou com ela
minha alegria de viver.
Quase morri na concretude de sua
ausência.
A que chegou,
cheia de dor,
partida e remoída
por perda igual,

2
sofrida, desiludida,
buscando ar fresco pra respirar,
vida para viver,
olhar firme para pisar,
presente pra dar sentido a seu futuro,
necessitada de amor,
a que chegou para salvar-se
terminou por me salvar.
Um ganhou sentido no desser-
lido da outra.
os olhos mudaram de brilho,
o corpo mudou,
a voz falhou modalidades esquel-
cidas.
os sonhos voltaram,
a vida explodiu.
A que chegou, sofrida, partida,
desiludida, triste como eu,
chegou para ficar, mas só ficou
como cheguei, porque também
partiu, como parti.
Ninguém chega sem partir.
Ninguém parte sem ter ficado
um pouco.
Estamos sempre partindo,
chegando,
ficando,

3
Eu faço cartas como quem fica,
como quem parte,
como quem chega,
como quem ainda.
Eu faço cartas como quem ama.
Paulo

Bilhetes escritos por Paulo, já sentindo saudades, antes de sua viagem a Barcelona, janeiro de 1988; e de lá depois de oito dias:

Restaurante Mexilhão, São Paulo, 12/01/1988

Nita,

não faça caso de meus ciúmes,
mas faça caso de mim.
não alimente ecunhas "invejas,"
mas faça meu amor crescer.
não leia erradamente meus gestos
de carinho,
mas não me deixe banalizá-los
Guarde-me sempre com você,
cercado de Ternura.
É claro *porém* que pode ter raiva um dia.
Pode zangar-se,
ficar carrancuda,
gesticular com pudor.
Pode até trincar os dentes,
como se estivesse muito zangada,
mas não pode, não deve, "des-
ternurizar"-se, esvaziando-
me de seu carinho.

Preciso de você,
de seu amor,
de sua insatisfação,
da sua juventude no brilho de seus
olhos; de sua juventude
no riso de alegria que toma
seu corpo todo, em momentos
certos.
Preciso de sua dadivosidade,
de sua mão no meu ombro,
do cheiro de seu corpo.
Preciso de você.

Paulo

Janeiro, 1988.

NÓS DOIS

Cartas de Paulo escritas nas etapas de sua viagem de São Paulo a Madri, bem como na sala de espera do aeroporto internacional do Rio de Janeiro, em janeiro de 1988.

Nita querida,   São Paulo - Rio
23-1-88

Espero que me esperes
como quem ama
como quem cria
como quem projeta
como quem sonha
    sonhos possíveis e
não como quem chora
    de desespero
    como quem geme,
    como quem teme.
Espero que me esperes
    como quem planta
        para colher
    como quem cuida de
        seu jardim
    pras rosas brancas que che-
    garão na primavera.
Espero que me esperes —
    como quem canta
    como quem ri
    como quem sabe que
    as madrugadas não
        faltarão.
Espero que me esperes sabendo
    que voltarei
    pra teu amor
    pra tua surpreza
    pra tua ternura
    pra tua vida cheia de vida
    Amém. Teu Paulo

Aeroporto - Sala de espera
Rio. 23-1-88

Nita,
ainda minha,
menina minha,
nunca, menina só,
menina minha,
já agora de mais ninguém.
menina grande, menina minha,
de andar travesso,
de pele macia,
tipo cheiro de jasmim,
de corpo quente.
de vida cheio,
Nita, Ana Maria, cheia de graça,
de ternura cheia,
cheia de ontem,
como te amo, como te quero,
menina minha,
cheia de hoje
reinventando merece ser desfeito.
Nita, Ana maria, ~~...~~
teu corpo é fonte onde encontro vida.
não me digas sim como quem não pensa
não me digas não como quem despreza
como quem despensa,

fica comigo
~~...~~
ama-me na minha indigência.
Nita, Ana maria, cheia de graça,
cheia de sol
estou contigo
agora
aqui te contigo, porém.

Paulo

…Já em Madri…

Madrid - 25-1-84

Nita

Oito e trinta da manhã, hora do Brasil, no quarto do hotel, penso em ti, espero que o telefone chame e me espante ao lembrar quão perto de perder-te estive. Devo a ti, à tua sensibilidade, à tua humildade, à tua crença no amor, no teu amor por mim, no meu por ti, estarmos hoje tão juntos como estamos e tão capazes de ficar mais juntos ainda.

Perder-te teria sido um desastre para mim, para nós. Perder-te, possivelmente, significaria, para mim, vagar afetivamente de alguém a alguém. Para ti, talvez, o sacrifício de tua força vital, numa solução de compromisso, em que perderias o que há de mais rico em ti, o que há de mais forte em ti.

Como gosto de que tenhas leteido e sabido leteir por nosso amor. Uma vez mais te agradeço a forma como te comportaste naquele dia em casa quando me disseste que não aceitarias o pedido que te fazia, o de renunciares a mim.

Te quero muito, Nita, menina minha. E foi por te querer tanto que quase te perdi, fugindo de ti. E como a razão de quase fugir de ti não era razoável, do ponto de vista de minha posição ideológica e política, como ética, tive de inventar outras razões com que me enganasse. Tua coragem de amar me salvou, salvou o nosso amor.

Como queria estar contigo agora. Ouvir-te, cheirar-te, sentir tua respiração, beijar-te. Como gostaria de dizer-te, de novo e de novo, que te amo, que te quero, que sinto falta de ti.

Perdoa a minha insegurança. Tenho medo de perder-te. Dirás que é uma loucura. Aceito. Tu és minha e eu só teu. Não há lugar para mido

Amém.

Teu Paulo.

...De Barcelona...

Nita, querida minha,

São quatro horas da tarde, tempo de Espanha; 1, tempo do Brasil. Acabamos de almoçar — estou na casa do profess. Monclus. Bem podes imaginar o quanto penso em ti. A esta hora já deves estar em teu quarto. Se aí estivesse, estaria junto a ti. Alijaria tua testa, mansamente. Mansamente também beijaria teu rosto, tuas mãos. Diria a ti, em teu ouvidos, que te amo muito, que te quero infinito, que sou teu e que adoro que me ames. Te diria que lutaria por teu amor tanto quanto lutaste por meu amor nestes passados.

Nita minha, menina minha, como está sendo difícil estar longe de ti. Vou fazer o possível para voltar correndo para ti; já que a passagem para a África não chegou. Só não irei antes de 14 de fevereiro se não consegui lugar nos aviões. O que eu quero, o porque eu desespero é estar junto de ti, é sentir o teu cheiro, é ouvir tua voz, é ver o teu rosto, é escutar dizer-me que me amas, que nada, depois de Raul te marcou seriamente.

Te amo, Nita, desesperadamente, como se tivesse 16 anos.

Com o carinho crescente de teu

Paulo

Madrid
28-1-88

Perdeu-se um sonho na vida do homem.
Olhou desiludido, vagamente, as tardes que
se sucederam.
Alguma coisa mudara no íntimo do
homem e ele não percebia.
O sonho perdido levara a sua capacidade
de gozar os fins de tarde da janela do
seu quarto, pensando longe, ontem ou
amanhã.
Quando um sonho se perdeu ele precisou sorrir e falar como se nada tivesse acontecido.
Somente agora sabe que seu sorriso e
seu discurso não eram verdadeiros.
Perdeu-se o sonho e o homem quase
se perdeu também.
A salvação do homem foi a pureza
da mulher que o trouxe de novo à vida.
Desde então brincam, cantam e
riem. Estão mais além do sonho
perdido.

Janeiro, 88
Barcelona

Nita querida,

Te amo, te quero, te adoro. Estou agora mais convencido de que te amo, te quero e te adoro do que nunca. Foi preciso entregar-me livre, sem amarras, a este amor, como pensava outrora, para, mergulhado nele, senti-lo em toda a sua profundidade e sua força. Estou certo, Nita minha, de que não seria qualquer mulher que libertaria ou despertaria minha necessidade e minha gostosura de amar. Não poderia amar tão substantivamente quanto te amo agora se não fosses também capaz de te entregares a mim sem reserva. Não poderia amar uma mulher se tivesse medo de a ela dizer, sem cansaço, que a amava. Não poderia amar uma mulher a quem não me pudesse dar inteiro, a quem não pudesse dizer: guarda-me, necessito de ti. Te amo, menina minha, porque me sinto livre, como antes me sentira, para, sem receio, fazer-te saber por meus gestos, por minha fala, por meus carinhos que sou teu, que adoro ser teu. Te amo em todos os dias da semana, em todas as semanas do mês, em todos os minutos dos dias em todos os meses do ano como te amarei em todos os anos que me soterem para viver.

Como é bom te amar, sentir falta de ti, ter saudade de teu corpo.

São quatro e meia da tarde (hora do Brasil) e espero ansioso o chamado de Heliana. Como estarás? Mil beijos

Paulo

Bilhete escrito por Paulo no convite para a festa em homenagem a ele, na véspera de seu doutoramento *honoris causa*, na Universidade de Barcelona.

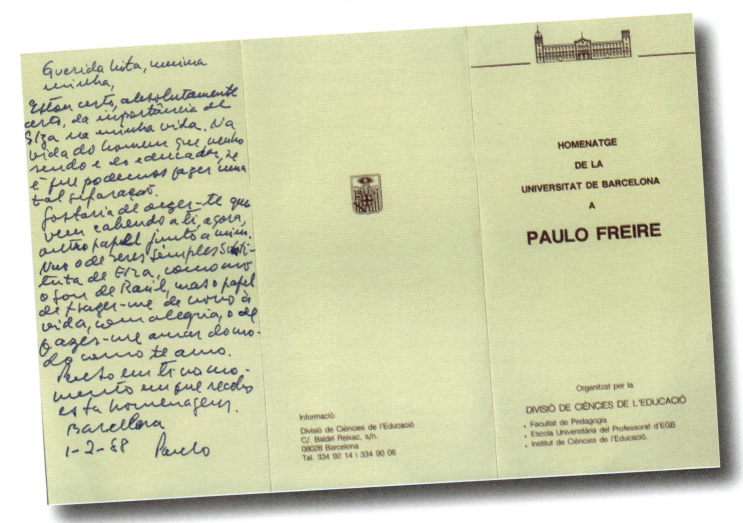

Confirmação do pedido de casamento feito verbalmente por Paulo antes de sua viagem a Barcelona:

CONFIRMAÇÃO DO PEDIDO

Nita, menina minha,
de olhos de vida cheios,
de mãos grandes medindo sempre pra mais o amor que me dás
Nita menina minha,
não imaginas a boniteza de carinho que inda tenho pra te dar,
Sofreria muito, menina minha,
Se soubesse que te fiz sofrer
Que faltei a li
que enganei teu so-
nho
Que te ofendi.
Perdoa se em algum momento
Te dei noite
quando querias dia
te dei frio quando querias calor
te dei chuva quando querias sol
se pensei quando precisavas a-
penas de meu entendimento.
Paulo
Geneve, 5-2-88

Antes que pudesse dar meu sim, Paulo me enviou novo pedido de casamento:

PEDIDO DE CASAMENTO

NITA,

Preciso de ti como as cordas do violão
precisam do artista,
como a terra seca precisa da chuva,
como a canção precisa do cantor,
como o prego precisa do martelo
e o martelo do artesão.
Preciso de ti como a canção não feita
ainda precisa do poeta
como a caneta precisa da
mão que cria com ela,
como o desanimado precisa
do amor,
como o navegante precisa
do mar
e o mar precisa da terra
para se saber mar.
Preciso de ti como o adoecido
precisa da mão amiga que o
ampara,
como o enfermo precisa da
saúde
e a alma desesperada do
perdão.
Preciso de ti, Ana Maria, Nita,
menina minha,
casa comigo.
Genève, 6-2-88

Se disseres não
partirei daqui
andarei o mundo,
falarei coisas estranhas
ninguém me consolará
Se disseres sim
ficarei aqui
cantarei canções
escreverei poemas
virarei menino
brincarei de pular corda
brincarei de academia
de te ver correr la cokia
quer de noite
quer de dia

Sorrirei o dia inteiro
festejando o teu amor.

Genève

NÓS DOIS

Numa das poucas viagens que Paulo fez sozinho, nesta de Amherst (EUA), ele escreveu estas duas poesias:

Nita, menina minha.

Bom dia, menina minha,
de olhos tão cheios de luz,
te vim dizer outra vez
o quanto te quero, menina.
menina de cara bonita
de corpo bem feito, dengoso,
de fala manhosa, menina,
minha menina, quem me dera, quem me dera.
Boa tarde, menina minha,
de alma tão sedutora
te vim dizer outra vez
o quanto te amo, menina,
menina tão sábia no amor
na vida, nos livros, em tudo,
minha menina, quem me dera, quem me dera.
Boa noite, menina minha,
de ternura feita, briga mansa,
te vim dizer outra vez
de minha paixão por ti.
menina gostosa, amorosa,
que falta me fazes, menina,
menina minha, quem me dera, quem me dera.

Paulo
Amherst
maio
88.

Nita, amor grande.

As árvores de repente tombaram em frente
ao caminhante.
As árvores,
os arbustos.
As frutas rolaram pelo chão,
as flores, despetaladas, sem vida.
O caminhante perdeu a direção,
a esperança perdeu,
a mágoa lhe tomou o corpo, a alma,
a força perdeu
            perdeu o gosto de andar,
                    de cantar,
                    de amar.

Sonhar já não podia.
Só podia mentir,
Só podia fingir.
    Sofrer podia também.
    Só não podia falar da razão profunda
    de seu pesar.
As árvores de repente tombaram em frente
ao caminhante.
        Sem endereço,
        se perdeu por algum tempo.
        Depois se achou na perda de si mesmo.

As árvores se refizeram.
O caminhante também.
        De novo pode andar
                cantar
                amar.

        Amherst
        março
        1988

NÓS DOIS

Nita, de riso suave
de olhar tão meigo
de corpo tão belo
de voz tão macia
Nita, me cerca,
pois a ti te quero.
 Nita, me dá teu encanto
esquece outros mundos,
reinventa meu ser.
 Nita, menina miúdha,
só minha, vem e fica comigo.
Andarei contigo por ruas que
desconheces
Visitaremos lugares irreais.
[?]ueciveis, amaremos
como se nunca tivés -
sermos amado.
 Depois, continuarei
esperando-te como sem
pre.
 meu amor não finda

Paulo

2H

*Indiquez, sil vous plait,
votre préférence.*

*Por favor,
assinale sua preferência*

*Please,
indicate your choice*

...e de Londres para Estocolmo, Suécia, para atender ao convite de um congresso internacional de assistentes sociais que ali seria realizado:

Bar Service

APERITIFS
Cocktails
Sherry
Campari

WINES
Champagne Brut
Selected red and white wines from
some of the world's finest vineyards
Port

SPIRITS
Aquavit
Bitters
Gin
Rum
Vodka
American and Scotch Whiskies

COGNAC & LIQUEURS

SCANDINAVIAN BEER

*Non-alcoholic wines
are also available.*

Menu

MARINADE DE SAUMON SUEDOISE
Swedish Marinated Salmon

POULARDE AUX HUITRES
Chicken Breast with Oyster Sauce

RIZ AU SAFRAN
Saffron Rice

COURGETTES
Zucchini

FROMAGE
Cheese

CAFE ET FRIANDISE
Coffee and Sweet

[manuscrito, coluna esquerda]

Às vezes me sinto como se estivesse num mundo sem cor e se cor tivesse seria muito mais cinza. Um mundo sem curvas, somente esquinas, arestas, em que a sombra de um espírito mal cagoa de mim, um mundo em que a não cor ou o cinza de seu disfarce me fustiga.
Angustiado, rasgado, corro de esquina a esquina para negar os fatos, mas o cinza do mundo quase sem cor perpetua os fatos. Os fatos estão guardados para

[manuscrito, coluna direita]

sempre na cinzentês deste mundo louco. Minha salvação é fere a veraióira de meu tempo se dá num mundo colorido —
flores abertas
águas rolando
dias azuis
noites claras
sabiás cantando
e eu amando.
Só sei que o outro mundo existe quando começo a fazer de conta que ele mais existe.
Quem me dera que este pesadelo passasse.
Voando 28-7-88
Londres Stockolm

Paulo

Nita

Não sei se já alcançaste a substantividade de meu gesto: minhas mãos emoldurando teu rosto, carinhosamente. Minhas mãos te fazem um discurso de ternura quando recrio tua face. Não posso amar sem arte.

Preciso dizer-te, porém, que ao reinventar teu rosto, teu corpo, com minhas mãos que começam a aprender tua "geografia", eu não sou o único artista. Te recrio porque me fazes vivo, de novo.

Paulo

São Paulo
18-12-1987

SELO

Ao Professor Paulo Freire

Carta escrita por Paulo no papel timbrado de um hotel da Califórnia (EUA), em agosto de 1988:

THE NEWPORTER RESORT

Nita, minha razão de afora,

Não adianta me perguntares por que te amo. Poderia dar-te explicações convincentes, variadas e todas te fariam feliz e vaidosa. Poderia dizer, por exemplo, que te amo porque és bonita, porque cuidas bem de teu corpo harmonioso. Poderia dizer-te que te amo porque és inteligente, meiga, sensível - porque não temes amar; me aceitas como estou sendo.

Poderia dizer-te que te amo porque não és burocrática no amor, porque amas na quarta ou na quinta, no sábado ou no domingo, com a mesma força, a mesma curiosidade, a mesma sensação de interminada que és, como eu também.

Poderia dar-te mil razões por que te amo. Prefiro ser apenas força, sentimento, paixão, emoção: Te amo porque me devolveste a vida e, sobretudo, o gosto da vida. Nada mais.

Paulo
Agosto, 1988.

Carta de Paulo escrita durante voo de Frankfurt a São Paulo, em junho de 1991:

Para Nita

O homem que aí está, na esquina desta rua inocente, costuma fazer discursos incompreensíveis em tardes frias. Não que diga palavras sem sentido. Pelo contrário, todas elas estão 'paradas', 'guardadas', 'imobilizadas' nos dicionários. O que falta nos discursos do homem da esquina, para quem os ouve, pelo menos, é a relação coerente e dinâmica entre as palavras. Ele fala sempre nas tardes frias e pouco se lhe dá se o entendem ou não.

*Fugas naturais a quem começa marcas
de quem passou e não queria anúncio
do que não veio e não virá
Sol vermelho chão gasto e austero
descanso antecipado*

*Horas redondas sem esquinas semanais
calorias de seres precisados verde inospe
ensolarado*

*Desbotamento perdição ouvidos que
não ouvem olhos que não querem
ver pernas que andam contra
o corpo de princípios antes afirma-
dos. Tardes marcadas para o amor que
não pode ser que fica nos limites de sua
própria negação, tão vazio de si mesmo
quanto o grito débil de quem não luta
para ser*

*Não vale a pena andar contra o corpo
É perigoso ouvir a canção malvada
que corta que fere
que maltrata que mata
no campo
na cidade
nas noites
nos dias
nos restaurantes
nas casas
nas ruas
nos hotéis*

*É perigoso ouvir a canção mentirosa
sem sabor de certeza
com desdém escondido
só de falsidade construída
verde aqui no meu andar alegre
limites tênues riscos necessários
caminhos largos
pedras brancas e macias.*

*Frankfurt São Paulo
Voo Varig
23-6-91
Paulo*

Acabo de falar contigo, Nita.
A saudade cresceu, a vontade
de voltar se torna incontida.
  Tua voz me disse de tua ternura,
me falou da falta que sentes
de mim e eu fiquei feliz
por perceber o quanto me
amas, o quanto me queres,
o quanto te faço falta.
Ama-me, Nita, mais e mais,
  como te amo a ti.
Conto os dias que me separam
de nosso reencontro.
  Vou cobrir teu corpo de
beijos, vou dizer mil vezes que
te amo, que estou contigo,
que sem ti seria hoje um
desastre a minha vida.

          Teu Paulo

NÓS DOIS

No cardápio do voo entre Buenos Aires e São Paulo, Paulo
e eu escrevemos um para o outro, em agosto de 1993:

WELCOME ON BOARD....

We look forward to serving you during your flight today.

Our chefs take great pride in preparing dishes of the highest culinary standard inspired by products of the season.
To accompany your meal we offer you a selection of fine wines and champagne.

We invite you to make a selection and wish you an enjoyable meal.

BIENVENIDO A BORDO....

Durante el vuelo de hoy, tenemos el gusto de ofrecerle este menu.

Nuestros cocineros están orgullosos de poder preparar para usted platos de la más alta calidad culinaria, inspirados en la época del año.
Para acompañar sus comidas, le ofrecemos una selección de los vinos y champañas más selectos.

Le invitamos a seleccionar su menú y le deseamos una agradable comida.

BEM-VINDOS A BORDO....

Alegramo-nos de antemão com a oportunidade de servir-lhe durante este voo.

Os nossos chefes-de-cozinha orgulham-se preparar pratos de alto nível culinário, inspirados nos produtos da estação.
Para acompanhar a sua refeição apresentamos uma selecção de vinhos e champanhe.

Queremos convidá-lo para fazer a sua escolha e desejamo-lhe muito prazer na refeição.

MENU

MONTEVIDEO – BUENOS AIRES

FILLED ROLLS/SANDWICHES

BUENOS AIRES – SAO PAULO

HOT MEAL

Hors d'oeuvre of duck/prune terrines, ham
and apple/carrot salad

*

Mixed salad

*

Please make your choice:

Braised fillets of sole with fish/vermouth sauce

or

Noodles with carbonara sauce

Each served with appropriate garnishing

*

Pear with caramel sauce

*

Tea or coffee
Friandises

Diet butter available on board.
We offer our apologies in advance if your choice is no longer available owing to the unforeseen pressure of demand.

Carta de Paulo, escrita no voo de Paris para São Paulo, sem data:

Nita,

A boniteza da vida não está na compreensão rígida das coisas nem na lógica bem comportada que exigimos dos fatos, nem tampouco na nossa certeza em torno do que deve ser a própria vida.

A boniteza da vida está na certeza da incerteza e na coragem de começar tudo de novo quando se pensava que já nada podíamos fazer.

A boniteza da vida está em aceitar que até as sextas-feiras podem virar azuis e as estrelas rosas, violetas, margaridas podem florir e sabiás podem cantar.

A boniteza da vida está na capacidade de amar, apesar de tudo.

A boniteza da vida está em perceber que amar é melhor que não amar, mesmo quando não amar, como tentação diabólica, pode-se parecer uma porta aberta a mil amores.

Te amo convictamente

Paulo

NÓS DOIS

Nos dois envelopes abaixo, Paulo, num gesto de paixão, escreve meu nome como Aninem Ahnim, que na verdade é Menina Minha, forma carinhosa com que ele me chamava, escrito de trás para diante.

Se ninguém te ama
ninguém me ama —
                    também
somos dois corações solitários
à procura de alguém
que tal
Quantas horas neste
procurando encontrar
um sincero carinho
e nunca eu não achei
um amor de verdade
por isso vivo sozinho

os meus dias são tristes, vazios,
são tristes os meus dias
e as noites são noites de
          inverno
são noites sem brilho
podemos tentar na verdade
transformar em amor
nossa sincera amizade

EDITORA PAZ E TERRA S/A

RUA TRIUNFO, 177 - STA. IFIGENIA - CEP 01212 - SÃO PAULO
C.G.C. N.º 33.451.279/0002-80
FONE: (011) 223-6522
Inscrição Estadual N.º 110.107.918

RPC

Prof. Paulo Freire
Rua Valença, 170
01254 — São Paulo — S.P.

Paulo gostava de escrever pequenos bilhetes, deixando-os sorrateiramente sobre sua mesa de trabalho.

"Para mim está na hora de continuar amando-te. Paulo"

Te amo, sabias?
Apoissim.

Escrever de sua biblioteca
e vcio me endereço quando eu
trabalhar 14-10-91

Para a milionária
autora Ana Maria,
com os agradecimen
tos de seu apaixona
do
Paulo

Se não te amasse
não estaria contigo.
Se o preço fosse a vida...

Prometo que me comporta
bem mas por favor não
me deixe dormir só.
Olhe para escrever e ria,
menina cerejinha. P.

A senhora estará
a fim de sair comi-
go?

Muito obrigado, Nita,
pelo bonito que me
escreveu.
Amo você também
apesar dos apesares.
amo loucamente.

NÓS DOIS

Eu sei que não se ama
pra fazer favor, mas devo
dizer-te, com simplicidade de fala popular,
que te agradeço muito:
pelo amor fundo que me dás,
pelo riso, que tanto encanta
quanto assusta, ~~sul~~ por
visíveis Tuas barrocas, me dás vida,
pela generosidade com que vda vida;
pela explosão de teu amor,
pela boniteza de teus gestos,
pela coragem de verbalizar tua precisão
pela decisão de viver
por tua recusa aos puritanismos
e por teres conservado viva, em ti,
a menina bonita que conheci.

Paulo

São Paulo, 18-12-1987

Nita, minha menina,
quando te escrevo
o faço cheio de
amor. Amor
que dá vida ao
papel em que
escrevo. E ist
que ainite agra
com este postal

*Nita, menina minha,
meu primeiro bilhete em N. York.
Te amo muito
Te quero muito
Não poderei jamais de magoar-te.
Beijos.
Paulo*

TOPOS: A Forum for the Pursuit of Critical Thinking in Education

Presents

Professor Maxine Greene

"A DISCOURSE ON EDUCATION"

Author of <u>Dialectic of Freedom</u>

Room 179 Grace Dodge Hall
Teachers College, Columbia University
West 120th St. and Broadway
New York, New York

Tuesday   7:00 PM   April 19th 1988

No Admission Charge

Te sinto a falta, Nita, nos lençóis que cobrem a cama em que passei mal dormido, a noite.

Te sinto falta no olhar terno do menino pouco amado que acaba de passar.

Te sinto falta no vai e vem das gentes enlouquecidas pela incerteza das esquinas.

Te sinto falta na incompreensão de meu próprio discurso.

Te sinto falta, Nita, na solidão do quarto do hotel que nem a força de minhas fantasias pode vencer.

Te sinto falta, mesmo a teu lado, no tempo que separa o minuto que foi do minuto que vem.

E porque assim te sinto falta, te quero toda, quente, ardente, terna, sedutora e bela.

Junho, 7, 1991.

Paulo Hermes

"Nita, te amo onde quer que esteja. Paulo. Hamburgo. 17-6-91" — Alemanha

NÓS DOIS

Para Nita, rosa minha, esta rosa nossa.
Paulo
1995

Para Nitona,
amor meu.

cartões aniversário
Natal em 1995

PAULO FREIRE
RUA VALENÇA, 170 - SUMARÉ
01.254 - SÃO PAULO - SP
TEL. (011) 62-6270

Gauro de te amar é saber feel uas podes estar sempre comigo.

A bonitega de te amar é saber que a nossa ausência me faz quero-te novamente.

Que loucura! Falo como se estivéssemos dizendo adeus sem esperança de nos ver de novo. Como te amo, Nita!!!

PARTE IV

Fotografias de Nita e Paulo

(Fotos que falam por si sós...)

Recepcionando Paulo ao chegar ao Brasil após quase dezesseis anos de exílio, Aeroporto Viracopos (SP), 7 de agosto de 1979.

Nós dois, outubro de 1987.

Nós dois após a cerimônia religiosa de casamento, na casa de Genove, minha mãe, em 27 de março de 1988, no Recife.

Nós dois no nosso casamento religioso, na casa de Genove, minha mãe, em 27 de março de 1988, no Recife.

Nós dois após a cerimônia religiosa de casamento, na casa de Genove, minha mãe, em 27 de março de 1988, no Recife.

NÓS DOIS

Nós dois no Gramercy Park Hotel, Nova York (EUA), abril de 1988.

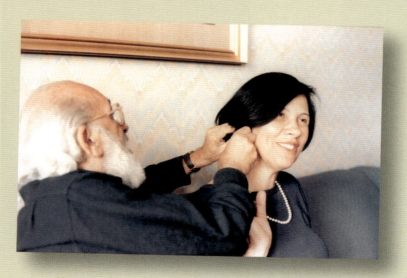

Nós dois no Gramercy Park Hotel, Nova York (EUA), abril de 1988.

Nita Freire e Paulo Freire

Nós dois, São Paulo, julho de 1988.

Nós dois. Edimburgo, Escócia, maio de 1988.

Nós dois na cerimônia do nosso casamento civil, São Paulo, 19 de agosto de 1988.

NÓS DOIS

Nós dois após o casamento civil, na festa na rua Valença, confraternizando com Iraci e Maurício Ornellas, 19 de agosto de 1988.

Nós dois em Campos do Jordão.

Nós dois em Veneza, 1989.

NÓS DOIS

Nós dois. Veneza, Itália, janeiro de 1989.

Nós dois. Praça de São Marcos, Veneza, Itália, janeiro de 1989.

Nita Freire e Paulo Freire

Nós dois na Oficina São Francisco, de Francisco Brennand, Recife, 1989.

Paulo abraçando André, meu neto, Nova York (EUA), 1989.

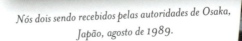

Nós dois sendo recebidos pelas autoridades de Osaka, Japão, agosto de 1989.

Nós dois no Japão, setembro de 1989.

Nós dois na avenida da Paz, Hiroshima, Japão, 3 de setembro de 1989.

Nós dois em frente ao prédio da Bolsa de Valores de Hiroshima destruída pela bomba atômica lançada pelos Estados Unidos em 6 de agosto de 1945. Japão, 3 de setembro de 1989.

Nós dois na avenida da Paz, Hiroshima, Japão, 3 de setembro de 1989.

Nós dois nos jardins de Nara, Japão, 4 de setembro de 1989.

Nós dois em Aomori, Japão, setembro de 1989.

Nós dois recebendo homenagem da Comunidade Barakumin. Osaka, Japão, setembro de 1989.

Paulo contando para as crianças de uma escola primária de Aomori, Japão, como imaginava, quando criança, furar um buraco do Recife ao Japão.

Nós dois em Tóquio, Japão, 22 de julho de 1990.

NÓS DOIS

Nós dois em Tóquio, Japão, 25 de julho de 1990.

Nós dois no trem-bala Tóquio-Osaka. Japão, 23 de julho de 1990.

Paulo em Genebra, 28 de agosto de 1990.

NÓS DOIS

Nós dois em frente à catedral gótica de Colônia, Alemanha, 29 de setembro de 1990.

Nós dois na casa de Genove, minha mãe. Recife, 1991.

Nós dois na Ilha de Itamaracá, Pernambuco, verão de 1991.

Nós dois em Los Angeles (EUA), abril de 1991

Nós dois ao lado da ponte Golden Gate, Califórnia (EUA), 19 de abril de 1991.

Nós dois na Universidade de Berkeley, Califórnia (EUA), 1991.

Nós dois em Cambridge, Massachusetts (EUA), julho de 1991. Em frente da casa onde Paulo escreveu Ação cultural para a liberdade.

Nós dois em Boston (EUA), julho de 1991.

Nós dois em Boston (EUA), 17 de julho de 1991.

NÓS DOIS

Nós dois com Donaldo Macedo e Peter McLaren, Cambridge, Massachusetts (EUA), julho de 1991.

Eu em Cambridge, Massachusetts (EUA), julho de 1991.

Nós dois na cerimônia DHC na Universidade Complutense de Madri, 16 de novembro de 1991.

Nós dois com amigos no hotel Parador Alfonso XIII, em Sevilha, Espanha, dezembro de 1991.

Nós dois em Bruxelas, Bélgica, março de 1992.

Nós dois em Bruxelas, Bélgica, 19 de março de 1992.

*Nós dois em uma rua de Bruxelas, Bélgica,
23 de março de 1992.*

*Nós dois na Grand Place de Bruxelas, Bélgica,
19 de março de 1992.*

Nós dois, julho de 1992.

Nós dois na frente das guerrilhas em plena mata-esconderijo, El Salvador, julho de 1992.

Nós dois com Roberto, meu filho, San Diego, 19 de julho de 1992.

Nós dois comemorando os 71 anos de vida de Paulo, rua Valença, São Paulo, 19 de setembro de 1992.

NITA FREIRE E PAULO FREIRE

Nós dois em Washington, novembro de 1992.

Estátua em homenagem prestada por Pye Engströn às sete pessoas que defenderam os oprimidos do mundo no Conjunto Poliesportivo Västertorpshallen, na rua Pessonnevägen, 90, Hägerstensäsen, Estocolmo, Suécia.

Nós dois. Eu sentada na figura de Paulo e ele na de Ângela Davis. Estátua em homenagem prestada por Pye Engströn às sete pessoas que defenderam os oprimidos do mundo no Conjunto Poliesportivo Västertorpshallen, na rua Pessonnevägen, 90, Hägerstensäsen, Estocolmo. Novembro de 1992.

Nós dois, rua Valença, anos 1990.

Festa dos meus sessenta anos, Chácara Poço da Panela, Itapevi (SP), novembro de 1993.

Nós dois na festa dos meus sessenta anos, Chácara Poço da Panela, Itapevi (SP), novembro de 1993.

Nós dois, São Paulo, anos 1990.

Nós dois com Jesús Gomez (Pato), Espanha, julho de 1994.

Nós dois, Espanha, julho de 1994.

Nós dois, Espanha, julho de 1994.

Nós dois na casa de Rosa Jonas, em Campos do Jordão, inverno de 1994.

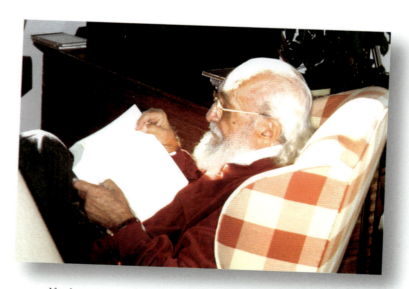

Nós dois na casa de Rosa Jonas, em Campos do Jordão, inverno de 1994.

NÓS DOIS

Nós dois em Alicante, Espanha, 1995.

Nós dois em Alicante, Espanha, 1995.

Paulo e Eduardo, meu filho, Chácara Poço da Panela, Itapevi (SP), anos 1990.

Paulo e Marina, minha neta, no outorgamento do Prêmio Moinho Santista, São Paulo, em 29 de setembro de 1995.

Nós dois. Fortaleza (CE), abril de 1996.

Nós dois em frente ao CCBB de Brasília, 1996.

Nós dois em Nova York, primavera de 1996.

Nita Freire e Paulo Freire

Doutoramento honoris *causa da Universidade de Lisboa, recebido na PUC-SP, 27 de novembro de 1996.*

Nós dois

Nós dois no terraço de nossa casa na rua Valença, São Paulo (SP), anos 1990.

Nós dois na biblioteca de Paulo, na rua Valença, anos 1990.

Nós dois com Ricardo e Heliana, meus filhos, anos 1990.

PARTE V

Recordações do amor vivido

(Crônicas de amor de Nita sobre a sua vida cotidiana com Paulo)

Uma Introdução

Rua Valença, 170

Poucos dias após a morte de Paulo, nosso amigo Jorge Cláudio Ribeiro me visitou. Para aliviar a minha dor e saudades, eu revivia o meu marido contando-lhe muitas histórias vividas nas nossas andanças pelo mundo. No nosso rico e nada monótono dia a dia. Ouvindo-me atentamente, ele demonstrava seu pesar por morte tão dolorosamente sentida por ele e por tantos de nós, mas sobretudo por mim. Ele pacientemente deixava-me sentir as dores próprias de meu luto. Acolhendo minhas histórias — contadas entre choros e risos —, ele me acolhia e me deixava prantear e expor o mais profundo sentimento de dor pela perda de meu bem-amado Paulo.

O silêncio, a risada, o "hum!", o "ah!" de meu amigo — e tanto também que o foi de Paulo —, eu percebia, eram suas respostas de solidariedade e de compreensão pela dor que eu sentia em todo o meu corpo consciente.

Cada um à sua maneira e grau, choramos naquela tarde, sentados no sofá preto — onde Paulo e eu tínhamos recebido tantas pessoas do mundo e no qual nasceu boa parte das histórias deste livro — da sala de visitas, na rua Valença, 170, São Paulo, onde vivemos por quase dez anos. Sala da qual tanto gostávamos porque retratava ela mesma a beleza da nossa relação e o gosto que tínhamos de estar construindo uma vida em comum. Por isso a havíamos feito, como toda a casa, muito bela, aberta e acolhedora. Através dela, dizíamos em nossa linguagem sem palavras, a quem nos queria bem, o que estávamos sendo um para o outro, o que criávamos numa vida de marido e mulher e de intelectuais com afinidades afetivas e de ideias e trabalho em cooperação.

Nosso espaço comum desapareceu, mas as lembranças dos dez anos ali vividos em plenitude jamais serão arrancadas ou apagadas de minha memória. As coisas e os fatos que vivi com Paulo pelo mundo, mas sobretudo naquela casa, jamais olvidarei porque foram vivenciados com a maior intensidade amorosa que pode existir. Com boniteza, alegria e seriedade. Com muito amor, tolerância e respeito.

Jorge Cláudio gostava de dizer a mim e a Paulo sobre a "aura" que atravessava, que revestia o ambiente aconchegante que tínhamos criado, e nunca se furtou em nos dizer ao despedir-se todas as vezes que nos visitou: "Eu saio daqui em estado de graça!"

Sensível ao que ouviu naquela tarde, dias depois convidou-me a escrever — para repartir com toda a gente, com todos, amigos ou não — sobre alguns dos momentos vividos com Paulo pelas "esquinas do mundo", molhados das diferenças entre mim e ele e das semelhanças entre nós, com as dessemelhanças de tantos outros e outras do mundo. Senti-me estimulada a responder ao desafio de um dos editores de Paulo, e agora meu também, de colocar no papel aquelas histórias simples, crônicas do nosso amor cotidiano.

As diferenças de cultura aparecerão em várias das histórias, não para diminuí-las, inferiorizá-las, enfim, depreciá-las, mas tão somente para reviver tempos plenos do modo como vivemos — de surpresa, de alegria e de espanto ao lado do amor, da paixão e da amizade — para cujo relato são necessárias algumas irreverências. Na realidade, uma certa estranheza por valores diferentes entre nós ou comportamentos diferentes do nosso modo de ser com outras partes do mundo.

Quero reviver os momentos vividos com Paulo — na rua Valença e em qualquer parte do mundo — com humor, respeito e saudade. Falar das coisas do cotidiano, aparentemente simples, mas que resgatam a grandeza, a bondade e a tolerância de Paulo. Falar de parte da nossa vida, das que mostram como os gestos e fatos do dia a dia dignificam as relações entre os cônjuges e mesmo com outras pessoas e diferentes culturas.

Com essas histórias pretendo também matar saudades de Paulo antes que elas me imobilizem. Assim, o que tenho de vida dele e com ele continuará vivendo em mim. Ele me faz falta, mas está — e quero que esteja sempre — presente em minha vida. Não posso prescindir dele. Ele se alocou no mais íntimo do meu ser para nunca mais me deixar.

Narrar estas histórias é para mim manter essa presença, é resgatar meu passado, é reviver minhas reminiscências, é viver meu patrimônio. Dividindo-o com você, estou certa, ele não diminuirá, mas se multiplicará em mim. Patrimônio de passado meu, com vocês, meus leitores e leitoras, dividido hoje. Ontem com Paulo construído.

Aparição na avenida São Luís

De repente, a fisionomia dele começou a mudar, seu olhar voltou a brilhar. Arrastava menos os pés ao caminhar e tomava menos remédio em público. Optara de novo pela vida, depois de enviuvar de Elza.

Essa transformação foi deflagrada por uma visão fugidia. Enquanto esperava ser atendido, no interior de uma agência de viagens, para retirar sua passagem aérea para a Bolívia, na paulistana avenida São Luís, Paulo se viu atraído por uma mulher que caminhava pela calçada. Percebeu claramente que sua vida de homem — assim como a de pensador — só voltaria a ter sentido se vivida juntamente com uma mulher. Observou-a vindo de frente, atravessando a avenida, passando em frente da loja e distanciando-se. Pensou em mim.

Paulo nunca soube quem era ela, mas comentava comigo: "Aquela mulher foi de vital importância. Em seu caminhar discreto me 'falou', sem o saber: 'Olha, homem, estás vivo e tens o direito de viver plenamente a sua sensualidade adormecida.'"

Não para refazer, mas para fazer uma nova vida, diferente, que nem substitui nem continua ou nega a anterior, mas para afirmar-se no direito marcado pela diferença de uma vida diferente, nova.

Após aquele episódio, ele viajou, em março de 1987, para Cochabamba, a fim de receber o título de *doutor honoris causa* pela

Universidade de San Simón. O tempo todo assobiava no avião "Explode coração", contou-me o casal que viajou com ele. Quando lhe perguntaram se estava amando, ele confirmou: "Sim, só não posso dizer a quem!" Seria uma antecipação inusitada dizer que me amava sem ao menos ter-me dito nada...

Na volta, em entrevista ao *Jornal da Unicamp*, declarou sua nova vontade de viver. Esperou o dia em que retomamos sua orientação à minha dissertação de mestrado. Foi quando me propôs "mudar a natureza de nossas relações".

Obviamente sentia-se lisonjeado quando outras mulheres, veladamente ou não, lhe faziam ver que o admiravam como homem ou o desejavam mais do que a um grande mestre. Mas, a partir daquele dia no centro de São Paulo, não via a hora de dizer às candidatas, para que o assédio delas não se frustrasse: "Sabes, tenho uma ótima notícia para te dar: estou amando outra vez!"

Ele fez isso com algumas candidatas ao seu amor, que depois de saberem quem tinha sido a escolhida me tratavam com desdém. Uma delas, professora da PUC-SP, solteira, jovem, dizia a todo mundo: "Não sei o que Paulo viu nela... inclusive já é até avó..."

Mulher da avenida São Luís, sem a tua fugaz aparição, talvez eu não tivesse nada disso para contar. Ou ela me serviu sem o saber para despertar nele a fascinação antiga que tinha por mim?

De qualquer maneira te agradeço, mulher da avenida São Luís!

Fatias douradas brancas e fígado de boi verde

Com suas fantasias alimentares de criança, Paulo criou algumas "receitas da mamãe". Claro, as comidas preparadas pelas mães são, na maioria das vezes, interiorizadas pelos filhos e filhas e passam a ser, para sempre, as delícias supremas da culinária.

Nesses devaneios gustativos, imprecisos e fantasiosos, Paulo criou duas receitas: "fatias douradas brancas" e "fígado de boi verde". Insistia nessas cores. E nos sabores correspondentes às suas receitas imaginárias. Com uma ponta de suspeita, a seu pedido, tentei dezenas de vezes reproduzir tais iguarias em branco e verde. Jamais consegui.

Ele procurava testemunhas de nossa terra, entendidas em culinária. Invariavelmente confirmavam o que eu sempre lhe dizia: "Como fritar fatias de pão embebidas em ovos deixando-as brancas? Não sei, só conheço as douradinhas! E fígado de boi só conheço marrom!"

Ele retrucava com humor: "Isso é complô! Mamãe fazia do jeito como eu estou descrevendo." Um dia lhe falei: "Com todo o respeito que sempre tive à sua mãe, talvez a única solução seja invocá-la numa sessão espírita, porque só ela sabe deixar branca uma fritura com ovos e verde um fígado de boi que não seja refogado com ervas verdes!" Ele detestava ervas, exceto o coentro, que para ele não dava bom gosto a esse prato. Então não haveria outra possibilidade de fazer fígado verde. "Chamemos" a sua mãe! Riu muito da minha proposta.

Menos mediunicamente, resolvemos telefonar para sua irmã Stela, que mora na cidade fluminense de Campos. Ótima cozinheira, forçosamente ela seria a herdeira das receitas da mãe. Com certeza me passaria aquele verdadeiro segredo de família. Ela deu gostosas risadas, aplacando minha ansiedade: "Nita, faço, e mamãe fazia, como você faz. Isso tudo é sonho de Paulo!"

Receitas míticas de infância, das quais jamais se desfez. Mesmo sabendo que esses malabarismos culinários eram impossíveis, coerentemente gostava de pensar que eram receitas verdadeiras alimentando o seu menino interior dos *doces sonhos da infância*.

Sonhos de criança

Tantas vezes, de mãos dadas, acariciando-nos, Paulo falava de seus sonhos de criança, realizados ou frustrados, ingênuos ou possíveis, sentados no sofá preto de nossa sala da rua Valença:

• Conhecer Londres: a capital inglesa para aquele menino tinha o sabor de tudo o que se poderia desejar. Teria lido que era lá que aconteciam as coisas boas e importantes do "mundo civilizado", que nada tinha a ver com sua Recife. A não ser com a dos "ingleses de Apipucos", que viviam nesse tradicional bairro, separados dos "recifenses sub-desenvolvidos", gozando do bom e do melhor em troca da prestação dos serviços de telefone, luz, bondes e trens.

Adulto, Paulo conheceu Londres. Mas a do sonho era diferente. A cidade real era concreta demais, tinha diferenças gritantes com o Recife, mas não era a cidade de anjos e deuses... Paulo identificava nela agora o que guardava de grandeza advinda do imperialismo depredador de séculos como os "donos do mundo".

• Furar um enorme túnel, do Recife até Tóquio ou Osaka, tanto fazia. Importava chegar ao Japão, surpreendente não só pelos olhos e cor de pele de seu povo, mas pelas tradições de dragões vermelhos e Budas gigantes. Se, perfurando o globo da sala de aulas com um objeto pontiagudo, se sai lá onde estava desenhada a terra do Sol Nascente, por que não furar um túnel de verdade? Esse sonho durou até que ele tomou consciência do que a curiosidade infantil é capaz.

- Ter um par de tênis, que na época em nada se assemelhavam aos de hoje. Solado de borracha, lona branca com cadarços encardidos. Ganhou um par de seus pais em um de seus aniversários e ficou agarrado ao presente, dia e noite. Dormia com os tênis na cama ou calçado com eles. Jamais esqueceu esse dia.

- Possuir uma bicicleta. Nunca montou numa bicicleta. Teve, quando muito criança, antes de ter caído na pobreza, um pequeno triciclo. Em 1988, passamos quinze dias na Universidade de Irvine, na Califórnia, quando o estimulei a aprender a pedalar. Eu passeava todos os dias pelo *campus* e ele me olhava com admiração e uma certa inveja, dessas que não fazem mal a ninguém. Chegamos a procurar um agasalho acolchoado numa loja, mas ponderamos que nada o protegeria de uma queda, muito possível. Descartada a imprudência, ele se contentava em me ver deslizar por aquelas alamedas da bela universidade, aliás projetada por um brasileiro. Em seus olhos, entretanto, havia certa frustração...

• Ser padre. Influenciado pela mãe, mulher guiada pela fé e pela religiosidade, Paulo muito menino dizia querer ser padre. Alimentou essa possibilidade por alguns dias apenas. Desistiu ao saber que padres não se casam. Paulo demorou a falar: até os cinco ou seis anos de idade não gostava de conversar. Dizia à mãe que só falaria quando soubesse bem o quê e como dizer. Quando aprendeu, gostava de falar e falar. Detestava ficar sozinho, tinha necessidade de presença e de carinho. Como então ser celibatário? Decisão prudente, mesmo que tomada em tenra idade, antes mesmo de saber o que significava ser celibatário. Certamente sua aguçada intuição trabalhou por ele...

• Presenciar a virada do século e do milênio. "Sonho que não faz mal a ninguém, próprio de quem quer viver muito", dizia Paulo. Sonho místico, telúrico? Talvez! Carregava algo do não explicável, mas também da sua utopia de presenciar dias melhores.

Para mim foi uma saudade enorme, quase uma culpa nesse momento mágico para toda a gente do mundo. Me perguntei sem encontrar resposta: Por que Paulo, que queria tanto estar aqui, foi privado de conosco festejar a Virada do Milênio?

• Olhar o céu e contemplar as nuvens!

O céu o atraía por sua dimensão do infinito, do misterioso, do inexplicável. "Quando eu era criança, me faziam acreditar que tudo vinha do céu: Deus, o bem e o mal, a chuva, o Sol, a Lua... e os anjos da guarda."

Paulo contemplava o céu e se embevecia com seu azul, sua imensidão. Gostava do Sol aberto, luminoso e dadivoso, e da Lua, que lhe provocava desejo de cantar. Como não cantava havia muitos anos, assobiava saudando a Lua e a mim também.

Mas, sobretudo, adorava as nuvens, em eterno movimento, cujo formato gostava de "interpretar" para mim:

— Vês um rosto de mulher ali? O de Cristo acolá? Um carneiro manso e caminhante mais à frente? Vejo homens e mulheres andando para longe, desaparecendo!

Eu respondia a seus apelos, confirmando seus devaneios, o que lhe dava imensa alegria.

— Vejo!

Ou então, para seu desapontamento:

— Não percebo isso, Paulo.

— Não sentes prazer em ver esses caprichos instigantes da natureza?

— Sim, um pouco. Não tanto quanto você!

— Incrível, vês como a figura ficou mais bonita ao passar na frente do Sol?!

Ecologista amador, Paulo não se cansava de apreciar e constatar a intrigante arte do movimento das nuvens, fazendo, ele próprio, como as nuvens, o seu exercício de criatividade no fluir belo e harmonioso de todo o seu ser que se mirava no espelho das nuvens.

Tantos sonhos de criança, possíveis ou não, realizados ou não, continuam de pé marcando a presença menina de Paulo no mundo. Sonhos certamente não mais concretizados por ele, mas para ser alimentados e procurados pelo lado menino ou menina de cada um de nós...

O cavalo branco de Tom Mix

Rememorar as idas ao cinema do bairro de Casa Forte era parte essencial das lembranças de criança de Paulo. Sobretudo para ir ver os filmes de Tom Mix, seu herói predileto, com um chapéu grande, montado num cavalo branco. Fiel amigo, o animal cavalgava conforme a necessidade do dono. Tom Mix era um caubói acima de qualquer suspeita, salvando mocinhas indefesas, homens humilhados, pronto para agir em qualquer situação de injustiça.

Entramos em muitas lojas de vídeos e filmes dos Estados Unidos e, após cuidadosas e infrutíferas buscas, Paulo perguntava a algum vendedor, colocando a mão em seu ombro, fraternalmente:

— Meu amigo, você tem algum filme de Tom Mix?

— De quem?

Paulo insistia, pretendendo o reconhecimento pelo outro de figura tão famosa para ele:

— Um caubói dos tempos antigos, de meus tempos de criança!

— Não, nunca vi nem ouvi falar desse... Tom, o quê?

Ele fazia que "esquecia" aquela decepção e, na primeira oportunidade, entrava em outra loja, repetia a pergunta e recebia a mesma resposta!

Paulo nunca se cansou de procurar por filmes de Tom Mix! Tinha verdadeira vontade de reviver as histórias do velho caubói de sua infância.

Um dia, na casa da irmã de minha nora Elsie, num sobrado modernizado, bonito e amplo do Village, em Nova York, a conversa recaiu sobre o gosto das crianças de hoje por "filmes de ação". A lembrança de Tom Mix bateu forte e Paulo perguntou com certa ousadia, nada habitual nele para esse tipo de coisa:

— Cari, será que seu marido conseguiria em algum estúdio de Hollywood onde ele trabalhe um filme de Tom Mix? Preciso rever pelo menos um deles!

— Vamos fazer o possível — respondeu ela amavelmente. — Vou pedir a Matthew para procurar alguma película de Tom Mix.

Cari disse isso em tom de compromisso. Passado mais de um ano, voltamos a Nova York. Hospedamo-nos na casa de meu filho Eduardo. Lá estava uma fita, presente tão esperado e fruto de grande esforço de busca nos velhos arquivos de Hollywood do artista Matthew Modine. Imediatamente o colocamos no aparelho de vídeo.

Estupefato, Paulo constatou a distância entre suas imagens de criança e a realidade ali em movimento:

— Nita, como pude pensar toda a minha vida que o cavalo de Tom Mix era branco? Em *Cartas a Cristina* escrevi isso. Disse também, e repeti inúmeras vezes, que assistia com Themístocles aos filmes de longa-metragem de Tom Mix!

Estava perplexo. Foi um golpe duro perceber que o cavalo não era branco. Branco era tão somente o enorme chapéu do herói! E os filmes eram curtos, de pequena duração. Não quis continuar vendo os filmes presenteados com tanta alegria e generosidade por Cari e Matthew. Voltando ao Brasil, propôs ver de novo as películas:

— Meu Deus! O concunhado do Dudu, teu filho, teve tanto trabalho pesquisando, revirando velhos arquivos, pedindo, comprando esse filme! Não é possível... O cavalo não era branco e seus filmes eram apenas pequenos episódios — dizia o meu marido perplexo com o que via.

O seu lado menino, que nunca perdeu, estava inconformado. E concluiu:

— Nita, prefiro continuar com o Tom Mix de minha infância, montado no belo e elegante cavalo branco! Não vou mudar isso nos meus livros: a "verdade" vai continuar sendo a da minha percepção infantil. Não menti, falava e escrevia no que acreditava como Verdade.

Nunca mais ele viu as películas de Tom Mix, as quais ansiosamente esperou tantos anos para ver!

Paulo Freire, o eterno menino

Recentemente alguns amigos norte-americanos de Paulo quiseram publicar um livro[7] sobre meu marido diferente do habitual. Não seriam as diversas abordagens centradas exclusivamente em seu pensamento teórico, mas de preferência anedotas, curiosidades, causos ou crônicas sobre Paulo.

Então, redigi este pequeno ensaio para esse livro, tentando dar unidade a essas diversas facetas possíveis em Paulo, enfatizando o seu lado menino:

De todas as histórias que eu poderia contar sobre a personalidade de Paulo Freire, meu marido, acredito que a mais importante para atrair, instigar e estimular educadores(as) para o mundo da imaginação e da criação é conversar com quem me lê sobre o seu lado menino, que, felizmente, ele nunca perdeu.

Com enorme e profunda capacidade de crítica, Paulo foi um menino ao se entregar, mesmo na idade adulta, "às coisas que só as crianças fazem e pensam". Escondia-se atrás da porta para que eu o encontrasse. Alegrava-se com os comediantes mais ingênuos. Ficava exultante com os meus elogios ao seu belo assobiar. Entregava-se com grande ternura aos seus heróis de infância, o maior deles Tom Mix; e na sua crença inabalável — seria cruel dizer numa crença de criança? — na boa-fé das pessoas, sem nun-

7. Wilson, Tom; Park, Peter; Colón-Muniz, Anaida (org.): Memories of Paulo. Roterdã (Holanda): Sense Publishers, V. 60, col. Transgressions: Cultural Studies and Education, 2010. Prefácio de Ana Maria Araújo Freire, apresentado tanto em inglês ("Paulo Freire, the eternal boy") quanto em português ("Paulo Freire, o eterno menino").

ca ter levado em conta o temerário no comportamento de uns e outros. No fundo, Paulo nunca quis perder sua alegria-menina e sua enorme tolerância com relação às fragilidades humanas.

Em certos momentos pensei que seria importante chamar-lhe a atenção sobre esse jeito sem limites de generosidade de entrega aos outros e outras, aliás, devo reconhecer, uma de suas virtudes maiores, mas ele não me dava ouvidos. Nunca mudou nisso. Permaneceu com essa postura-menina até o dia de sua morte.

"Nita, não importa o que fazem com o que digo e com o que penso e faço. Se me distorcem o problema não é meu, é de quem o faz!!!"

Gostaria, entretanto, de me deter nesta narrativa sobre o meu marido fazendo algumas considerações em torno do que a figura de Tom Mix representou para ele. Falei sobre a imagem desse "herói" para Paulo em dois de meus livros,[8] mas creio que é muito importante falar aqui e outra vez sobre a sua relação com esse artista-personagem.

Antes eu tinha feito uma análise sobre a repercussão emocional do ator norte-americano sobre Paulo, agora quero focar numa abordagem mais epistemológica, sem, entretanto, abandonar a emocional.

Em outras palavras, agora quero falar mais detalhadamente sobre um adulto artista de Hollywood, de plagas tão distan-

8. Freire, Ana Maria Araújo. *Nita e Paulo: crônicas de amor; Chronicles of love: my life with Paulo Freire*. Berna (Suíça): Peter Lang Publishing, 2001. Id. *Paulo Freire: uma história de vida*. Indaiatuba: Editora Villa das Letras, 2006 (2º lugar do Prêmio Jabuti 2007 de melhor biografia).

tes, que "contou muito de si" a um menino pobre, brasileiro, nordestino, que nem conhecia o mundo da fantasia do cinema nem as histórias "do bem enfrentando o mal", tão próprias, já no início do século XX, dos nossos irmãos do Norte. Histórias que são a matriz geradora da cultura — nem sempre moral, mas infelizmente moralista — dos ianques. Mas foram as histórias dessa cultura que permitiram ao menino recifense identificar os "sonhos" de Tom Mix com os seus, mesmo que ainda não percebidos claramente como um problema a ser enfrentado e, portanto, não conscientes. Para um era a simulação da verdade; para o outro, uma verdade que não conseguia entender na sua magnitude.

Paulo conhecia a linguagem elitista e discriminatória do "sabe com quem está falando?", "essa raça inferior pensa que é gente!", "negros e negras só servem mesmo para o trabalho pesado", que lhe causava ojeriza mesmo antes de compreender a razão de ser desse discurso dos opressores. Porque, ao contrário, desde menino ele esteve sempre ao lado dos fracos, dos explorados e dos oprimidos. Na infância, por sensibilidade e intuição. Na vida adulta, por convicção política e solidariedade ética.

É claro que Paulo não tinha condições de perceber as diferenças entre a realidade e o sonho, entre viver de verdade a pobreza — nela metida e nela sofrendo toda sorte de necessidades — e querer ser um Robin Hood moderno. Mas o fato é que sua indignação estava viva nele desde tenra idade, e Tom

Mix ajudou-o a ver emocionalmente, a estar, de fato, na mesma posição de preocupação do ator — verdadeira ou simulada —, em favor da justiça. O que significava estar contra os opressores tanto quanto o seu ídolo de infância, que, assim, foi uma presença viva por toda a sua vida, desde o mundo do faz de conta de menino até a sua morte.

O caubói norte-americano, portanto, teve sem dúvida alguma uma influência importante no modo de ser do menino Paulo adulto. Foi Tom Mix que induziu meu marido a começar a entender, ao lado do comportamento dos "homens de bem" do Nordeste cruel onde vivia, o que sentia e intuía: o perverso mundo adulto da opressão, a malvadez dos poderosos, como diria depois tantas vezes. Quer na defesa contra o machismo, o racismo e as injustiças sociais, quer contra quaisquer outras formas de discriminação das "minorias" da sociedade.

Paulo, quando menino, captou na história do caubói, na postura deste diante das mulheres indefesas, um veio a ser levado a sério. A mulher indefesa de Tom Mix chegou a ele como uma metáfora, que meninamente nunca abandonou. Aliás, metáfora de que Paulo gostava e usou, muitas vezes, como ponto de partida para as suas argumentações políticas, éticas e educativas. A metáfora como ponto de partida para o processo de conscientização.

Estou dizendo de minha constatação de que Tom Mix foi uma presença mítica, do herói necessário à construção dos *sonhos* da infância, mas também permaneceu presente, em meu marido, com toda a superação óbvia, profunda e crítica, na utopia revolucionária e humanista de Paulo, intermediada pela conscientização.

Assistir às películas de Tom Mix aos dez anos de idade representava a concretização do que ele queria e sonhava para o seu mundo: entender a razão de ser e ajudar as pessoas com as quais se relacionava ou via tropegamente caminhar à procura de nada e de ninguém pelas ruas do Recife. Eram sonhos de menino, entretanto sonhos fundamentados na ética de vida que viria a criar. Obviamente, repito, não presente de forma clara nas suas conjecturas e *sonhos infantis*, mas concretizada na sua idade adulta.

Nos dez últimos anos de sua vida, Paulo procurou inúmeras vezes, por todo canto em que andávamos, na nossa andarilhagem pelo mundo, sobretudo nos Estados Unidos, por um filme sequer de Tom Mix dos tantos que tinha assistido nos seus tempos de infância.

"Nita, queria tanto ver novamente os filmes de longa-metragem protagonizados por meu camarada Tom Mix."

Essa frase, repetida por Paulo tantas vezes, me dava, desde que me casei com ele, e continua até hoje me dando, uma certeza de que, para meu marido, Tom Mix representou no seu imaginário infantil muito mais do que uma simples película para distrair os adultos e "plantear" (palavra da língua espanhola que ele lamentava não existir na brasileira) bondade nas almas infantis. Tenho certeza de que, para Paulo, Tom Mix representava muito mais do que as histórias de aventura de um personagem amante da justiça de filmes destinados às crianças.

Nos anos 1920 e 1930, diferentemente das atuais aventuras hollywoodianas grotescas e horripilantes, com suas máquinas mirabolantes e mortíferas ou insetos gigantescos e apavorantes, que nada mais fazem do que dar concretude "infantil" à malvadez dos tempos da globalização e do neoliberalismo, as películas de Tom Mix diziam alguma coisa que tocava a alma dos que sonhavam com um mundo melhor. Paulo — com sua alma, sensibilidade e doçura meninas — constatou isto, estou certa, em tenra idade.

Atualmente as películas feitas para os adolescentes não querem ou não podem perceber a vida como uma aventura humana da grandeza humana no mundo do humano procurando o melhor para a existência humana realizar o seu destino ontológico: o da felicidade e justiça. Coisas que encantavam a sensibilidade de Paulo e a de seu muito querido irmão Themístocles, no pobre e modesto cinema de Casa Forte, do Recife.

A compreensão crítica de Paulo da educação nasceu de suas reflexões sábias e profundas e de leituras teóricas diversas, a partir de suas observações e intuições sobre a realidade nordestina, mas também dessas "pequenas" coisas que ele viveu, que ele expe-

150

rimentou. A compreensão crítica de Paulo da educação nasceu, como ele mesmo dizia, na sua infância, na leitura de experiências de vida vividas, sentidas e refletidas. Nas suas leituras de mundo da infância mais remota, que na sua vida adulta tomou força de categorias de análise e reflexão. Não podemos duvidar de que as histórias de Tom Mix povoaram a criativa mente de Paulo, pois daquelas e deste ele jamais esqueceu. É que as histórias de Tom Mix fizeram sentido nele pela intuição de criança pobre e triste, mas já muito sensível e solidária aos dramas humanos.

Quando, nos anos 1980 e 1990, Paulo insistia em encontrar em alguma loja de vídeos espalhada por este mundo um dos filmes de Tom Mix, ele sabia da importância de seus sonhos, de seus encantamentos de infância e da preservação desses *sonhos* e desse encantamento na vida adulta, de pensador da educação. O sonho maior de Paulo era o sonho utópico de dias melhores, numa sociedade realmente democrática. Sonho que sonhou desde sua infância e que carregou por toda a sua vida, o qual deliberadamente jamais quis perder. Ao contrário, levando-os a sério pode incorporá-los e embutir nos seus sonhos crítico-utópicos de transformação das sociedades, de um mundo melhor.

As últimas palavras do livro que escrevi sobre o meu marido são justamente sobre o lado menino, a face-menina de Paulo.

"Finalizo, assim, esta biografia de Paulo Freire, tão dolorosa que foi para mim, permeada de momentos de extrema alegria, ao relembrar fatos, momentos, sentimentos e emoções e escrever sobre eles, com palavras dele, alegres palavras dele, porque mesmo falando de sua própria morte ele falava do mais fundo da sua alegria-menina de ter podido 'voltar para casa, de ter voltado ao seu querido país. De meninamente estar aberto à VIDA. De com gosto menino estar vivo'.

"Paulo falava da alegria menina que norteou toda a sua vida até o dia de sua morte, de toda a sua história de Vida: 'Puxa, rapaz! A alegria menina continua vivíssima e menina ainda. Acho que ainda vou viver muito e morrer no Brasil. Pois bem, quando eu morrer, esta alegria ainda estará menina!'"[9]

Ter recebido o título de "Bambino Permanente" (Eterno Menino") da Biblioteca Comunale di Ponsacco, em Pisa, Itália — a ele entregue em Reggio Emilia, em 31 de março de 1990 —, demonstra que muitos dos que leram Paulo sentiam que em suas rigorosas palavras estava escondido o menino que sempre foi.

É verdade, o traço maior e mais bonito desse pensador político-ético-educador que foi Paulo Freire foi a capacidade de criticar contundentemente os dramas da vida, sem contudo perder, em nenhum momento de sua presença no mundo, a sua maneira de ser um adulto responsável, que soube amar e ser feliz, e por isso ter podido anunciar um novo mundo possível que só meninos de caráter puro, sério, de adulto, podem fazer.

9. Freire, Ana Maria Araújo. *Paulo Freire: uma hitória de vida.*

Um dos seus grandes sonhos de criança: ter uma bola de capotão

Paulo esperou pacientemente durante quase setenta anos para ganhar uma bola de futebol. Uma bola de verdade. Este era um de seus desejos mais escondidos. Percebi-o e, por isso, o presenteei no Natal de 1995. Uma bola, dessas boas, de "capotão". De couro legítimo, como ele tanto tinha sonhado em seus tempos de criança. Alegrou-se muito quando adivinhei sua vontade, pois sua meninice pobre não lhe oferecia mais do que bolas de meias velhas e rotas para jogar nas várzeas de Jaboatão.

Ao ler *Nita e Paulo: crônicas de amor*, o grande escritor uruguaio Eduardo Galeano[10] criou esta notável fábula a partir de minhas histórias da relação de Paulo com Tom Mix e do seu desejo de ter uma bola de capotão:

> Tarde após tarde Paulo Freire ia ao cinema do bairro de Casa Forte, em Recife, e sem pestanejar via e voltava a ver os filmes de Tom Mix. As façanhas do caubói de chapéu de grandes asas, que resgatava as mocinhas indefesas das mãos dos malvados, lhe pareciam bastante entretenedoras, mas do que realmente Paulo mais gostava era o voo de seu cavalo. De tanto olhá-lo e admirá-lo, se fez amigo; e o cavalo de Tom Mix acompanhou-o desde então, por toda a vida. Aquele cavalo da cor da luz galopava em

10. Conferir em *Paulo Freire: uma história de vida*, p. 589-590

sua memória e em seus sonhos, sem nunca se cansar, enquanto Paulo andava pelos caminhos do mundo. Paulo passou anos e anos buscando essas películas de sua infância.

— Tom quê?

Ninguém tinha a menor ideia.

Até que por fim, aos 74 anos de idade encontrou as películas em algum lugar de Nova York. E voltou a vê-las. Foi algo inacreditável: o cavalo luminoso, seu amigo de sempre, não se parecia em nada, nem um pouquinho parecia, com o cavalo de Tom Mix. Paulo sofreu esta revelação nos fins de 1995. Sentiu-se surpreso. Cabisbaixo, murmurava:

— Não tem importância

Mas tinha.

Neste Natal, Nita, sua mulher, o presenteou com uma bola. Paulo havia recebido 36 doutorados *honoris causa* de universidades de muitos países, mas nunca na vida ninguém lhe havia presenteado com uma bola de futebol.

A bola brilhava e voava pelos ares, quase tanto como o cavalo perdido.

Para Nita, com um abraço,

E. Galeano
Maio, 2000

Paixões de rapaz

I

Em nossas conversas, Paulo gostava de recordar suas paixões de rapaz, de adolescente. A primeira aconteceu quando ele tinha em torno de quatorze anos. Foi por uma das lavadeiras do rio Jaboatão, despudorada e desgastada pelo trabalho pesado, que, de cócoras e sem recato, olhava languidamente para os adolescentes que nadavam por ali.

Paulo foi à casa dela, uma mulher de uns quarenta anos que gostava de iniciar jovens na vida amorosa. Provocado por seus olhares libidinosos e pelas descrições contadas pelos amigos de como ela se contorcia na cama, medrosamente partiu Paulo para seu rito de iniciação. No entanto, mal a coisa começou, saiu correndo do mocambo de dois cômodos no qual ela vivia com o marido — no momento, obviamente, ausente. Ali, o único luxo era uma enorme cama de casal.

Foi confessar-se com o padre-vigário. Amenizou seu ímpeto amoroso e curiosidade sexual apelando para a lembrança ingênua de sua primeira paixão, correspondida por uma vizinha de sua idade, mal saída da primeira infância, que tirou da cerca viva de pés de pitanga um fruta bem vermelha, colocou na boca dele e, ruborizada, voltou correndo para casa...

II

Poucos anos depois, também em Jaboatão, Paulo se apaixonou pela filha do comerciante mais rico da cidade. Essa família vivia num casarão de estilo colonial no centro da cidade, ainda hoje de pé, muito bonito, pintado de azul e com grandes janelas venezianas por onde o ar fresco podia entrar após balançar as samambaias dependuradas no alpendre.

Algumas vezes, ela desobedeceu a proibição dos pais para encontrar-se com ele. Paixão mútua, mas impossível, diante da diferença de classe social entre eles, reforçada pelo medo de uma possível surra exemplar geralmente aplicada aos rapazes mais atrevidos, imprudentes, apaixonados, comum nos idos de 1930 no Nordeste brasileiro. Como sempre, o pai zeloso tentava afastar a filha de um amor a seu ver equivocado. Paulo sofreu, mas, antes que o velho patriarca interviesse dessa forma violenta, afastou-se daquela "moça linda, cabelos longos e brilhantes, olhos vivos, esbelta, lábios sensuais, rosto de pele fina e rósea".

III

Ainda imberbe, Paulo apaixonou-se por uma jovem que morava no bairro de São José, no Recife. Todas as tardes, ela acomodava languidamente os braços numa grande e macia almofada vermelha com enormes flores estampadas e se debruçava no parapeito da janela para ver o movimento da rua. Aproveitava a posição e os generosos decotes de seus vestidos vistosos, que quase deixavam de fora seus enormes seios, para se destacar das outras moças da rua, que faziam o mesmo... ou quase o mesmo!

Como desculpa para vê-la exibindo sem pudor sua vida plena de sensualidade, todas as tardes Paulo ia visitar um colega do Colégio Oswaldo Cruz, onde então estudava, vizinho da moça. Um dia, resolveu declarar sua paixão. Parou diante da janela, olhou-a com desejo e, tentando iniciar um namoro através de uma conversa que lhe parecia galante, disse arrebatadamente:

— Todos os dias eu passo por aqui para olhá-la porque a acho muito bonita!

Enquanto contorcia-se movimentando sensualmente o corpo, ela respondeu, com leve desdém:

— Todos os meninos que passam por aqui me dizem isso! Muito obrigada!

Paulo não falou nada. Caminhou cabisbaixo para a Estação Central. Nunca mais passou por aquela rua!

IV

Passada a humilhação que lhe provocou a moça do bairro de São José, Paulo se apaixonou por uma moça que todos os dias tomava com ele o mesmo trem, no trajeto entre Jaboatão e Recife. Após alguns dias de olhares recíprocos, passaram a sentar-se no mesmo banco. Depois viajavam entre beijos e abraços cada dia mais ardentes. Saltando ambos na Estação Central do Recife, caminhavam abraçados até o Colégio Nossa Senhora do Carmo, onde ela estudava; ele seguia até o Colégio Oswaldo Cruz, na rua Dom Bosco, 1.013. No final das aulas, tudo se repetia na volta para casa. Ele a buscava na porta da escola, caminhavam, tomavam o trem e retornavam a Jaboatão.

Adoravam, recordava Paulo, com certo entusiasmo, quando chovia.

Com as roupas molhadas, procuravam abrigo em marquises ou cantos escondidos e aproveitavam para colar seus corpos e se beijarem com mais intimidade e volúpia.

As férias do meio do ano interromperam o idílio. Após juras recíprocas de amor eterno, ela viajou para Caruaru e ele para Belo Jardim.

As férias se passaram. Na véspera da volta de Paulo para o Recife, um amigo foi visitá-lo para contar-lhe — amigo daquela época servia, sobretudo, para essas coisas! — que vira recentemente sua amada em enlevos amorosos com um jovem ricaço caruaruense. Paulo nada comentou com o semeador de desilusões. Viajou. Foi procurá-la. Perguntou-lhe se era verdade o que ouvira. Ela negou. Discutiram. Ele escutou o amigo. Acreditou no amigo. Voltou para sua casa e ficou três dias trancado em seu quarto, sem comer nem falar. Não adiantaram as súplicas de sua mãe. Só saiu quando se sentiu sarado da grande decepção e última dor de amor não correspondido. Esqueceu-a para sempre!

A *taxi-girl* da praça Maciel Pinheiro

Como todo adolescente dos inícios dos anos 1940, Paulo sonhava dançar boleros, blues, swings, sambas, foxtrotes e tangos. Não queria correr o risco de um vexame ao tirar para dançar "uma moça de família" numa festa. Soube que havia locais especiais só para dançar: lá, os "bambas" aproveitavam as parceiras igualmente competentes para simplesmente se deleitarem movimentando seus corpos nos salões. Ali também os iniciantes procuravam ajuda para dar seus primeiros passos.

Paulo tomou coragem. Saiu após cumprir suas tarefas no Colégio Oswaldo Cruz, caminhando debaixo dos frondosos fícus-benjamins até chegar à praça Chora Menino. Ali entrou na avenida Manoel Borba e seguiu-a até desembocar na praça Maciel Pinheiro.

No caminho, ia estourando as sementes das árvores, bolinhas bem firmes que, ao serem pisadas, fazem um barulho característico que crianças e adolescentes do Recife gostavam de experimentar. Paulo antevia o prazer que teria de deslizar suavemente pela pista de dança.

Ao chegar à pequena praça de bancos de mármore branco, olhou a fonte d'água que a adorna, as lojas. Tomou cuidado para não ser visto por algum conhecido que passasse por ali. Identificou a porta de entrada do *dancing* e subiu. Eram três horas da tarde, fazia calor e lá estava ele de terno branco e gravata num salão cercado de *taxi-girls*.

Comprou uma cartela que dava direito a dançar vinte músicas. Pelos seus cálculos, o preço cabia em seu minguado orçamento, proveniente de aulas particulares. O seu salário como funcionário do colégio era reservado para ajudar nas despesas da casa. Teve certeza de que seu investimento valeria a pena.

Entrou no salão de dança e olhou para todos os lados. Por toda a volta do grande salão, moças sentadas esperando por quem as convidasse para dançar.

Que coisa deplorável, moças de todos os tipos físicos, pobres, sentadas à espera de dançar para ganhar alguns tostões. Mas, que haveriam de fazer se não fosse esse humilde, porém honesto, trabalho?, pensou.

Música alta, janelas abertas, Paulo suava, mais de medo que de calor. Ao olhar de relance as moças, fixou-se numa. Essa vai ter paciência comigo... tem jeito de aguentar se eu pisar os pés dela!, ponderou.

Respirou fundo e, olhando somente na direção dela para não dar esperanças vãs às outras, dirigiu-se à eleita:

— Podes me ensinar a dançar?

A moça se levantou e abriu para ele a portinhola da grade de madeira torneada que separava o salão de dança da ala de espera onde ela e as outras estavam sentadas. Aguardou que ele a tomasse nos braços. Percebeu logo que realmente era a primeira vez que ele tentava dançar. Começou a ensinar-lhe com voz mansa e suave, encorajando-o: "Coloque sua mão esquerda na minha mão direita; sua mão direita em torno da minha cintura, eu me aconchego apoiando minha mão esquerda em seu pescoço."

Conseguiram se posicionar corretamente. A música começou. Embalando o próprio corpo acostumado ao ofício, ela sussurrava: "Dois passinhos para lá, um para cá... dois pra lá, um pra cá... vamos, vamos, sorria... relaxe, ouça a música, sinta o ritmo, não tenha receio, continue, você aprenderá, é fácil, é gostoso... movimente o corpo, me segure mais firme, mas deixe-me livre... sinta como é gostoso o gingado do corpo... é muito bom!"

Quando me contava essa história, Paulo fazia questão de dizer:

— Não errei na escolha da moça. Ela foi ótima, me incentivou o máximo possível. Era bonita, amável e competente. Em nenhum momento reclamou que eu só fazia pisar no seu pé. Nada! Sua fala era de amabilidade e ternura. Nenhuma censura!

No entanto, o aluno não ficou muito entusiasmado e abandonou a lição pela metade. Despediu-se apressado da mestra:

— Muito obrigado. Você é ótima profissional, muito amável, mas para mim não tem jeito! Desculpe-me tantas pisadas em seus pés!

Paulo saiu correndo escada abaixo e ela atrás:

— Moço, você só dançou uma música: ainda tem dezenove em haver! Vai começar outro ritmo, vamos tentar... Venha, não desanime!

Querendo livrar-se daquela situação em que se sentia constrangido, disse sem a olhar:

— Venda a cartela para outro freguês, fique com tudo. Aproveite para ganhar alguns trocados a mais. Muito obrigado! Muito obrigado pela lição! Muito obrigado por sua maneira tão boa de ser!

Vocação de cantor

Certa vez, no sofá preto da nossa sala de visitas da rua Valença, Paulo me contou que, na adolescência, sentia uma vontade enorme de ser cantor. Ele e alguns amigos se reuniam nos tempos de Jaboatão, nos domingos à tarde, durante vários anos, para cantorias. Simulavam o auditório, o palco, o apresentador, a plateia, o microfone e tudo o que supunham ser necessário a um programa de rádio.

Um dia, o mais ousado deles resolveu inscrever-se num programa verdadeiro, na Rádio Clube de Pernambuco. No dia marcado, lá estava o aflito concorrente de cama, resfriado, com febre e afônico. Paulo foi o eleito entre seus pares para substituí-lo. Viajou até a capital e se apresentou no lugar do amigo. Todas as músicas eram conhecidas pelo grupo, e nos programas de calouros não havia ensaio. Um podia passar pelo outro, sem problemas.

A extrema timidez do jovem Paulo se escondeu por trás do nome do amigo, e assim ele pôde soltar a voz. Aplausos, prêmio em dinheiro! A turma toda o esperando na chegada à estação de trem de Jaboatão. Tinham testemunhado seu sucesso através de um aparelho de rádio de válvulas, que mais emitia chiados do que músicas e que mesmo assim fora avidamente disputado pelo grupo para acompanhar o que se passava no programa, no Recife.

Paulo tomou coragem e, meses depois, inscreveu-se no mesmo programa. Dessa vez, com o próprio nome. Chegou lá, começou a cantar, se empolgou. Estava sem medo e feliz. Mas, poucos segundos depois, o gongo soou.

"Minha dúvida entre ser cantor ou professor de língua portuguesa está resolvida. Serei mesmo professor de sintaxe... Cantar, de agora em diante, só para minha família", decidiu naquela hora.

Os anos se passaram. No dia em que completou cinquenta anos, Paulo estava convencido de que ainda era, se não um ótimo, pelo menos um bom cantor. Na sua festa de aniversário, em Genebra, Paulo viu desmoronar de vez esse seu sonho de adolescente: o de ser pelo menos considerado um cantor por sua família. Quando acabou de entregar, orgulhoso, seu "presente oficial" à família — uma fita por ele gravada especialmente para deixar como sua herança cultural de artista-cantor ao estilo de Silvio Caldas, Chico Alves, Nelson Gonçalves, Orlando Silva e outros "monstros sagrados" da época — ouviu um dos seus descarregar sem compaixão: "Ridículo, pensar que é um cantor!!!!" Bastou isso para Paulo abandonar de um só golpe sua vocação iniciada em Jaboatão. Ruiu tudo! Foram-se embora, numa frase, anos de crença e autoestima, como cantor no âmbito familiar.

Nunca o ouvi cantar, mas, pela famosa gravação, percebi que sua voz era excelente.

Adotou então — desde o dia D, o dia marcado por outrem da família, não por decisão própria — o hábito de assobiar, e o fazia muito bem, tanto as músicas populares brasileiras quanto as clássicas de sua preferência para essa prática: Villa-Lobos, Vivaldi e Mozart.

Ao elogiá-lo por sua destreza e afinação ao assobiar, ele respondia como um menino que ouvira um reconhecimento: "Nunca ninguém me disse isso que acabas de me dizer..."

Assobiava com lábios firmes e grossos para a frente, bochechas cheias. Se concentrava, se afinava e começava, por minutos a fio. Queixava-se de que os pulmões, impregnados de nicotina, não colaboravam mais. Às vezes, nas horas de raiva ou extrema preocupação, nos momentos de dores ou decepções, seus assobios eram uma forma de livrar-se do mal-estar. Era sua catarse.

Assobiando, em momentos de ternura comigo, mostrando seu lado musical, menino. Quando chegava em casa, seus assobios a distância, desde o portão da rua, eram um sinal carinhoso de anunciar que era ele mesmo que tinha entrado e queria me encontrar.

Sempre me deliciei com esse hábito de Paulo, que ele adorava, e que nos deu tantos instantes de felicidade. Tantas vezes declarou seu amor por mim assim: simplesmente assobiando!

Profundamente, lembranças

I

Paulo gostava de me contar passagens, alegres ou mesmo melancólicas, de sua vida, desde a infância. Lembrava do pai doente em casa, a família morando na Estrada do Encanamento, no Recife, e, a partir de 1932, em Jaboatão, ironicamente no morro da Saúde. Falava de sua mãe; da tia Lourdes, solteira, que levou seu piano para o "desterro"; da avó; dos três irmãos; da Dadá, antiga empregada da família que não foi abandonada mesmo na pobreza da família; da tia Ester e dos primos Dosa e João, que também tinham ido para o "exílio", a dezoito quilômetros da capital.

Paulo falava muito do tio Lutgardes, a quem tanto admirou e que, nos anos 50, tantas vezes fora recebê-lo no aeroporto da Ilha do Governador, em plena madrugada carioca, para hospedá-lo com Natércia, sua mulher, na casa deles na Urca. Casa boa, conversa amiga, ideias novas, próprias da capital federal. Encontrava-se com os primos Leda, Stênio e Naná, com costumes tão avançados comparados aos de Recife, que ele teve, inicialmente, dificuldades em aceitá-los. Escutava-os, elaborava o novo e quase sempre vinha a dar-lhes razão. Aprendeu com eles a fazer novas leituras de mundo. Mais abertas. Mais "liberais" nos costumes e comportamentos.

Recordava o tio Rodovalho, poeta, boêmio, amante das mulheres e comerciante. Enriquecera nos anos 1920 no Rio de Janeiro e mandava religiosamente para sua mãe polpudas mesadas — a avó que vivia com Paulo —, as quais ajudavam a sustentar toda a família num bom padrão de vida. Não satisfeito, de tempos em tempos ele despachava para o Recife caixas de frutas importadas para deleite dos parentes.

O negócio de Rodovalho "quebrou" com o *crack* da Bolsa de Nova York e toda a família decaiu. A sua, no Rio, e a de Paulo, no Recife. Foi por isso que os Freire precisaram mudar-se do Recife para Jaboatão. Paulo foi visitá-lo algumas vezes nos anos 1940, em São Paulo, para onde ele fugira da decadência em que caíra no Rio. Depois, novamente enriquecido, apaixonou-se por uma mulher que o largou ao primeiro sinal de nova queda financeira, fazendo-o cair numa tristeza da qual nunca saiu. Findou morrendo de doença e de nostalgia pelas perdas sofridas, sobretudo a dessa mulher. Muitos anos depois, Paulo recebeu do filho dele um livro de poesias escritas pelo tio. Chegamos a ler juntos as poesias, algumas muito bonitas, e que falavam de suas dores.

Paulo comentava sobre a ingenuidade da família: "Solução mágica era pensar que, fugindo do Recife, poderíamos continuar classe média poucos quilômetros adiante." Lembrava-se das dificuldades de toda sorte que atingiu toda a família e de que a tia

Lourdes protegia o sobrinho mais velho, seu irmão Armando, dando apenas para ele, e não para os outros sobrinhos, alguns trocados, comida melhor e até fazendo algumas das suas lições de casa.

Essa situação de pobreza e de "preteridos" estimulou a solidariedade entre Paulo e seu irmão Themístocles. Sem a proteção da tia, sem dinheiro para comprar guloseimas e passando fome de verdade, os dois defendiam-se "fazendo incursões aos quintais alheios" — forma elegante de meu marido dizer que roubavam frutas e galinhas da vizinhança. Logo tinham um novo amigo, Dino —, que se juntou a eles para comer as frutas recém-colhidas dos quintais vizinhos. Entregavam as galinhas à mãe,[11] dona Edeltrudes, já viúva, que, embora com vergonha e constrangimento, preparava-as para matar a fome da família.

II

No verão de 1996/97, fomos convidados para uma ceia pernambucana na casa de uma família que se reuniu para rever Paulo, depois de décadas sem se verem, e para me conhecer. Tinham notícias de Paulo, de sua projeção no mundo, mas não o viam fazia muitos anos.

11. Ler em *Pedagogia dos sonhos possíveis*. São Paulo: Editora Unesp, 2001, o ensaio/ depoimento de Paulo: "A galinha pedrês e os filhos de capitão Temístocles", p. 87-9.

Saboreamos iguarias pernambucanas feitas com requinte — cuscuz no leite de coco, pamonha, canjica, bolo de massa, cuscuz de mandioca e de milho, tapioca com coco ralado, bolo Souza Leão e pé de moleque. Depois fomos para a varanda tropical atravessada pela brisa fresca e fizemos uma viagem nostálgica até a Jaboatão dos anos 1930 e 1940; do banho no rio Unas; das mulheres provocadoras lavando roupa; das viagens de maria-fumaça para Recife; da pobreza dos amigos e das dificuldades de encontrar escola. Lembraram-se das histórias de assombrações, da dureza do seu Armada; da sova homérica que um "pai zeloso" deu num rapaz da cidade por este ter deflorado sua filha.

Quando saímos, Paulo comentou: "Recordaram-se de tudo... tudo... tudo, menos de que eu e Themístocles fomos os maiores frequentadores do quintal da casa deles. Visitas indesejadas que fugiam ao primeiro grito de alerta: 'Pega esses meninos roubando!' Ameaças jamais cumpridas pelo casal que nos recebeu com tanta hospitalidade. Certamente cultivavam o espírito de compreensão e de perdão, a ponto de sequer sugerirem naquela noite as nossas inoportunas 'visitas sorrateiras'."

Ao contrário, sem lembranças desagradáveis, a noite foi embalada pela bela voz de Maria, filha dos donos da casa, acompanhada pelo violão de seu marido, após a lauta ceia.

III

Com melancolia, Paulo rememorava os diálogos de seus pais que ouvira quando tinha uns dez anos de idade, depois que haviam perdido a ajuda financeira de tio Rodovalho. A casa onde viviam no Recife, também de propriedade do tio, não tinha forro nem paredes até o teto, o que possibilitava ouvir-se num cômodo o que se falava no outro.

Em suas noites de medo das almas penadas que viriam atormentá-lo com voz fanhosa tocando-lhe nas pontas dos pés, ele se arrepiava, ficava imóvel, estático, quietinho. A única coisa que ele conseguia era ouvir os seus pais falando baixinho sobre a situação de penúria pela qual passava toda a família. O casal discutia que soluções poderiam ser encontradas para os problemas da família. Certa noite, Paulo ouviu-os discutindo as possibilidades de compensar o minguado orçamento familiar, ainda mais porque o pai já tinha sido aposentado como capitão da Polícia Militar de Pernambuco, por invalidez. Durante o trabalho, o sr. Themístocles fora imprensado por um cavalo contra a parede, o que lhe acarretou problemas no coração.

Com tristeza, Paulo me falava da solução que encontraram: o pai viajaria para o interior e compraria artigos para vender no Recife. Fizeram acordo com o dono da mercearia da esquina para que ele intermediasse as vendas. O menino via o pai partindo de trem e o imaginava negociando lá no sertão, em lombo de burro, panelas e bonecos de barro, cordas de caruá, cestas de palha e carne de sol. O lucro seria pequeno, mas num Nordeste coberto pela pobreza, nos anos 1930, foi tudo o que puderam fazer naquele momento crucial da vida dos Freire.

No sussurro das noites de insônia, ampliadas pelos primeiros negócios sem sucesso, o casal pensou ter encontrado a solução redentora: revender rapaduras. Novamente partiu o pai do menino Paulo, agora para mais perto: a zona da mata, região açucareira. Dias depois, voltou carregado de mercadorias e de esperanças. De vez em quando, o pai ia à venda para ver se amealhava algum dinheiro, mas, decepcionado, via a pilha de rapaduras intacta.

O menino Paulo, escondido na sua cama, fazia mentalmente o mesmo roteiro do pai. Sofria calado o fracasso dele. Sabia que demonstrar solidariedade naqueles momentos seria desvelar um segredo que seus pais jamais revelariam. Respeitou-os!

"Nita, o que eles podiam fazer naquele Brasil dos anos 1930? Nada! O fracasso rondava a quem não fosse da elite político-econômica. E mesmo esta tinha sido atingida duramente por restrições e, quase sempre, com perdas totais de seus patrimônios. Melhoramos tanto no Brasil desde então, mas meu pai só podia ter feito o que fez", dizia, compreendendo os limites impostos pelas circunstâncias a seu amado pai.

Contraditoriamente, os sonhos desfeitos de seus pais alimentaram a capacidade de pensar, de agir e de decidir de Paulo adulto. Sem sectarismo, sem ódios ou vinganças, antes com ousadia, criatividade e criticidade, Paulo lutou pela transformação social, política e econômica do Brasil, a partir de sua própria experiência de vida.

Ele sabia que seu pai fora um dos tantos "peregrinos do possível" que não deu certo, mas ele mesmo possibilitou tornar-se o "peregrino do óbvio", que deu certo.

Essa história de seus pais marcou Paulo de tal maneira, que ele já adulto continuou fazendo o que tinha feito enquanto menino com seus pais: guardava para si os segredos de dor e sofrimento dos outros e outras. Assim fez com muita gente!

IV

Duas outras situações doíam muito em Paulo. Elas envolviam sua mãe, dona Tudinha, de quem gostava de falar como mulher carinhosa, inteligente, cuidadosa de seus filhos.

Primeiro, lamentava a "proibição implícita" que os filhos impuseram a ela de se casar de novo. Viúva aos 42 anos, não voltou a se casar. Entre uma nova chance de ser feliz ou satisfazer a vontade dos filhos, optou pela segunda alternativa. Isto era o esperado socialmente na época.

"Fui egoísta, um adolescente machista que não incentivou a mãe para um novo amor. Hoje, vejo como errei: é uma tirania dos filhos querer os pais só para si sem se importar com a opção de vida deles... Tantas vezes não respeitam suas decisões legítimas por uma nova vida amorosa e sexual", Paulo repetia sempre.

Ele me contava que o pretendente era o carteiro, mais novo do que ela. Mas isso não foi o determinante. O determinante foi o medo do escândalo que ela imporia aos filhos quando os amigos, vizinhos e parentes soubessem que ela tinha um novo amor! Sofrendo, mas sem culpa, Paulo completava: "Não compreendemos que eles se amavam e tinham direito à felicidade. Naqueles preconceituosos anos 1930, ela foi vítima de nossa leitura de mundo absurda, ainda vigente nos dias de hoje, quanto ao direito a uma nova vida amorosa de nossa mãe ou de nosso pai."

Falava do tremendo esforço da mãe para cuidar dos filhos depois que o marido morreu. Comprando fiado na venda, fazendo bordado para os enxovais das noivas ricas ou tendo de aceitar galinhas roubadas que eles traziam para casa.

Tantas vezes Paulo menino levou o pedido de compra de comestíveis da mãe e trazia de volta o recado grosseiro do vendeiro: "Não forneço mais nada! Só quando ela pagar o que já me deve. Adiantei querosene, carne-seca e farinha de mandioca, mas não vi a cor do dinheiro."

Paulo sofria com as grosserias do vendeiro e também ao lembrar das mulheres ricas desvalorizando o rico bordado de sua mãe ao pechinchar os preços, ao que ela cedia para não perder a freguesia.

Encontrei-me com dona Tudinha, no Recife, pouco antes de sua morte, nos anos 1970. Guardava no semblante a dignidade de mulher que, apesar de sofrida, tinha a crença de sua vitória como mãe-viúva. Falava de "Paulinho" com orgulho invulgar.

V

Paulo relembrava a primeira visita de sua mãe ao quartel do Exército em Olinda, onde ele esteve preso após o Golpe Militar de 1964. Ingenuamente, ela disse ao capitão que trouxe seu "menino" até ela: "Seu capitão, meu filho é muito bom, sério e generoso e não merece estar preso. O que ele fazia não é motivo para estar aqui encarcerado." No que Paulo contestou: "Tenho, sim, mamãe, que estar aqui. Se esse golpe de direita me tivesse poupado, seria sinal de que eu não estou, como quero e desejo, a favor dos injustiçados e explorados. Seria uma certidão de que propalei uma coisa e pratiquei outra."

A segunda situação que lhe doía muito era não ter conseguido proporcionar à sua mãe a oportunidade de ir ao encontro dele no exílio. Não tê-la visto mais desde 1964, quando partiu para o exílio de mais de quinze anos, fazia-o sofrer tanto que, ao tocar no assunto, muitas vezes não podia prosseguir. Do exílio, sobretudo durante o governo Médici, Paulo enviava cartas para sua mãe através de dois, e às vezes três, intermediários. Alguém do Conselho Mundial das Igrejas levava suas cartas para fora da Suíça e as endereçava para uma pessoa no Brasil que a mandava para algum sacerdote progressista que a colocava no correio. Uma simples carta de um filho saudoso para a mãe que tanto o amava precisava percorrer caminhos tão tortuosos?! A resposta dela fazia idêntico caminho ao inverso, para poupar-lhe não mais outros inquéritos sobre seus "atos danosos ao país", mais perseguições a outros brasileiros, no exílio ou no Brasil.

Paulo relembrava esses fatos sem culpar-se nem buscar culpados. Tinha angústia. Entendia que esse estado de coisas fora produzido pelas circunstâncias da vida, por uma sociedade com estrutura aristocrática, elitista e preconceituosa e por um Estado autoritário débil e injusto.

No sofá preto de nossa sala de visitas da nossa casa na rua Valença, 170, de mãos dadas, eu ouvi de Paulo essas e outras histórias de sua família. Em silêncio, o escutava. "Quando eu morrer, Nita, escreva sobre essas coisas que a falta de tempo ou a tristeza não me deixam dizer", pediu-me inúmeras vezes.

Com esses meus contos e crônicas estou cumprindo a minha promessa a ele!

Teria eu estado na Grécia com Paulo?

Permanecia viva na memória de Paulo a peregrinação de sua mãe à procura de escola e o encontro dela com meu pai, que lhe concedeu uma bolsa de estudos ao longo de seis anos, para que ele fizesse os estudos secundários. Dizia que "algo misterioso" a tinha encaminhado para o Colégio Oswaldo Cruz. Que isso não tinha sido uma mera coincidência.... Vi-o pela primeira vez quando eu ainda tinha quatro anos incompletos. Não me lembro desse dia, mas dele, já mais taludinha, por volta dos meus cinco anos!

Depois que casamos e nas suas declarações mais apaixonadas, dizia-me que esse encontro, tão precoce quanto "misterioso", tinha se dado séculos antes na Grécia Antiga. Nossos encontros "nesta vida" se explicavam pelo fato de que os mesmos tinham se dado "para que eu te conhecesse e, tantos séculos e anos depois, pudesse encontrar-te profunda, verdadeira e apaixonadamente". Nessas falas seus olhos brilhavam de paixão:

— Tu não te lembras, Nita, mas nós nos conhecemos na Grécia Antiga. Aprendi com o velho Sócrates o diálogo epistemológico do qual tu também participavas!

Eu adorava essa declaração de paixão tão grande e vivia de outras maneiras o mesmo enlevo que nos unia, embora às vezes o provocasse com meu senso de realidade, nos tirando do sonho maravilhoso de amantes que fomos:

— Paulo, acho que não me sentava nesse banco da ágora em Atenas. Mulher não podia debater com filósofos!

— Podia, sim! Nos sonhos amorosos tudo pode acontecer! É verdade... no jogo de bons amantes tudo pode acontecer!

Namoricos do carcereiro

Almoçávamos num sábado em modesto restaurante de Maceió, juntamente com o secretário de Saúde e a educadora que organizou um encontro sobre educação de adultos. Tínhamos voltado de Deodoro, a velha capital, cuja beleza me deixara empolgada. Admirara a criatividade brasileira nas igrejas, com seus ouros, entalhes de madeira, púlpitos, altares e imagens barrocas, nas pedras compondo as paredes e nas telhas grandes onde tudo se abrigava.

Nossos anfitriões escolheram o tal restaurante por insistência de Paulo em comer uma buchada de bode, prato típico nordestino que, diz-se, era o predileto dos cangaceiros de Lampião. Com seu jeito manso e sorridente, o secretário informou:

— Professor, virá almoçar conosco um amigo meu que o conheceu em 1964. Ele foi seu carcereiro no quartel de Olinda.

Tomei um susto. Já meu marido, manso e de alma aberta, apenas perguntou:

— Como ele se chama?

O nome do militar não lhe trouxe lembranças. Ao chegar, Paulo não o reconheceu. Tocou-o amorosamente no ombro e pediu:

— Meu filho, conte-me algumas passagens que vivemos no quartel para que eu o identifique.

Ele fora o oficial que ensinava aos presos políticos alguns estratagemas para poderem sair dos cubículos onde estavam confinados e assim preservar a vida:

— Eu dizia: Professor, peça água, peça para ir ao banheiro, movimente o corpo senão ele não aguenta...

— Hoje você já é general?

— Não, professor, estou reformado desde os anos 1970. Naqueles dias fui prender um outro professor. Veja que situação horrível: bati os olhos na filha do homem que algemava e ela bateu os dela em mim. As faíscas se cruzaram. Foi amor à primeira vista! Era danado, eu vigiando o pai de dia e amando a filha à noite. Nos amamos muito, Paulo. Mas um dia o comandante da região me convocou: "Tenente, é verdade que o senhor é um traidor da pátria?" Eu, batendo continência, neguei três vezes. Aí ele fez a pergunta fatal: "É verdade que está de namoricos com a filha de um traidor da pátria preso em um de nossos quartéis?" Não tive como negar meu amor. Preferi dizer: "Sim, general!" Ademais, avaliei que a punição seria menor!

Estávamos, eu e Paulo, curiosíssimos para saber o que lhe acontecera:

— Então o general decretou, com voz de quem estava muito zangado: "Tenente, amanhã cedo, às seis horas, o senhor parte para a Amazônia. Foi transferido!" Só me restou dizer novamente: "Sim, meu general!" Bati o pé esquerdo no lado do pé direito e fiz continência, como todo militar ao despedir-se de seu superior. Fiquei dez anos num lugar a quatrocentos quilômetros de Manaus. Lá, aos poucos, percebi que a "Revolução Redentora" fora um golpe e que valera a pena ter tratado os presos com dignidade. Me reformei.

O meu marido-cupido não deixou o ex-tenente continuar sua história. Demonstrando seu amor pela vida e pelo ato do amor mesmo, mais do que interesse em esmiuçar as duras horas de injustiça que aquele homem testemunhara e sofrera, perguntou-lhe:

— Me diga: afinal, você casou com aquela moça?

— Não, professor. A floresta, a distância e a falta de comunicação nos separaram para sempre, me casei com outra mulher — nos respondeu Carlito Lima!

Nossos pequenos hábitos

Paulo tinha vários hábitos que revelam um pouco de sua personalidade encantadora. Todos os dias saía da cama para uma demorada ducha. Com água muito quente. "Acabo de acordar no chuveiro", dizia.

Para o café da manhã, na cozinha, já vinha com os remédios do dia na mão, que retirava da caixinha onde religiosamente os colocávamos separados por dias e horários. Tinha os da manhã, os da tarde e os da noite. Colocava-os num pequeno recipiente reservado para isso. Comia frutas, às vezes ovos, pão e café preto sem leite. Ao final, tomava disciplinadamente os medicamentos para o controle da pressão arterial.

Se eu estivesse no escritório quando ele acordasse, chamava-me pelo interfone:

— Amor, vou tomar o café da manhã, o que estás fazendo?

Eu subia a escada em caracol e ia ter com ele na cozinha, porque sua pergunta significava "venha ficar comigo". Nos beijávamos. Conversávamos com a moça que trabalhava conosco:

— Helena, viste a novela ontem? O que aconteceu?

Mais do que por curiosidade, ele fazia essa pergunta para envolvê-la em nosso cotidiano. Ela contava tudo tim-tim por tim-tim. Era como se tivéssemos visto o capítulo da noite anterior. Líamos os jornais na varanda ensolarada ouvindo músicas

183

clássicas pela Rádio Cultura ou pelos CDs que eu escolhia: Vivaldi, Mozart, Bach, Beethoven, Villa-Lobos — os compositores que ele mais gostava.

Então comentávamos as notícias do dia e descíamos para nossos escritórios, um contíguo ao outro. Ele lia livros ou relia algum trabalho seu em andamento antes de voltar a escrever. Paulo escrevia tudo a mão. Admirava a parafernália eletrônica de nosso escritório, mas deixava seu uso para mim e para a secretária.

Almoçava sempre em casa. Mesmo quando trabalhava fora, vinha para sua "comidinha caseira": feijão, arroz e carne. Às vezes galinha de cabidela ou peixe ao leite de coco. Frutas, doces e sucos. Seu aperitivo frequente era um cálice de pinga brasileira. Dependendo do prato do dia, no jantar, tomávamos um vinho tinto de sua predileção, Rioja espanhol ou Beaujolais francês. Não lhe apeteciam os legumes, a não ser sob a forma do famoso "Cozido Brasileiro".

À tarde voltávamos a trabalhar em nossos escritórios. Ele sempre estava às voltas com o ler, com o escrever, dar entrevistas para professores ou alunos, pesquisadores ou jornalistas de todo o mundo. Ou ia dar suas aulas na PUC-SP ou então na UNICAMP, o que fez até 1991, quando se afastou desta universidade paulista.

De noite gostávamos de ficar em casa conversando, a sós ou com amigos, ou vendo televisão. Sempre juntinhos, de mãos dadas, nos acariciando. Segundo Heliana, minha filha, se estivéssemos longe um do outro, era sinal de que tínhamos brigado. É verdade!

Fomos algumas vezes ao cinema ou ao teatro em São Paulo, mas sobretudo quando estávamos no exterior, atendendo a convites recebidos.

Paulo gostava de jantar em restaurante, mas somente naqueles que lhe oferecessem os pratos de que gostava... nunca quis ir a nenhum restaurante que fugisse de seu limitado cardápio!!!

Ele adorava receber gente para almoçar ou jantar em casa. Orgulhava-se da forma como havíamos arrumado nossa casa na rua Valença ou nosso apartamento em Piedade, Jaboatão. Cada peça, cada coisa era comprada e colocada por nós dois, fosse uma flor ou um móvel, um utensílio ou um quadro. Nossas casas nunca foram apenas um lugar para morar, mas os espaços que traduziam nossa maneira de entender o mundo e de neles ter aconchego e nos sentirmos bem e felizes. Eram muito lindas, mesmo!

Quando não se sentia apto para realizar alguma tarefa, sentava-se perto e me observava. Assim, ao final de nossas viagens, antes de voltar para casa, olhava desconfiado a bagagem e as compras:

— Nita, és otimista demais. Pensas que vai caber tudo isso nas malas? Não preferes comprar mais uma?

— Espere e verá — eu respondia.

Eu fazia tudo caber lá dentro.

— És uma mágica! — ele exclamava.

É certo que mais de uma vez tive de sentar-me sobre as malas e Paulo as trancava, pois os preços das liquidações me faziam comprar mais do que realmente deveria...

Se um técnico viesse consertar, por exemplo, uma fechadura ou quando Ricardo, meu filho mais velho, montava nossas aquisições eletrônicas, ele ficava ali no "plantão solidário". Mas não conhecia sequer uma chave de fenda. Num domingo, ficou para lá e para cá, para cima e para baixo, acompanhando a fixação dos fios e lâmpadas especiais com as quais meu filho o presenteara depois de vê-lo escrever com iluminação insuficiente em seu escritório.

Ele sempre me acompanhava em minhas compras. Com que gosto indicava esta ou aquela cor de batom ou de vestido! Prazerosamente servia de intermediário entre mim e a vendedora da loja, fosse em Recife ou Londres, em Genebra ou São Paulo. Estimulava-me a comprar dizendo "gosto" ou "não gosto", "fica bem para você" ou "não fica bem para você".

Certa vez, conversando com meus ex-colegas da Faculdade de Moema em São Paulo, numa festa que eles organizaram para comemorar nosso casamento, ele dizia do prazer com que me acompanhava nessas horas. Alguns deles protestaram brincando:

— Não dê mau exemplo! Agora nossas mulheres vão querer que as acompanhemos nas compras, tal como você faz com Ana! Pelo amor de Deus, Paulo, não estrague nossas mulheres!

Meu marido teve muitos cuidados comigo. Queria sempre ajudar nas coisas mais simples. Fazia questão de, todas as noites, apagar a luz do abajur. Isso era sagrado para ele. Assim, muitas vezes ele pegou no sono segurando o interruptor, esperando a minha volta, mesmo quando minha saída tinha sido breve.

Nessas ocasiões dizia:

— Demoraste muito...

A frase se perdia em meio ao sono, novamente embalado pela minha presença. Era invulgar a vontade de Paulo em agradar a mim, sua parceira de todos os dias e de todas as horas. Quando estava cansado, pedia para passear de automóvel. Eu dirigia e ele a meu lado, tocando meu braço ou minha coxa, falando ou simplesmente observando o ambiente. Mostrei os espaços mais lindos de São Paulo nesses passeios sem roteiros traçados ou destinos predeterminados; íamos ao bel-prazer do que nos indicava beleza, tranquilidade e paz.

Durante as dezenas de vezes que viajamos ao exterior, trabalhávamos muito durante o dia, mas, quando possível, eu o seduzia para um programa noturno, quer escolhido por mim, quer atendendo a convites de amigos. Assim, assistimos a balés em Nova York e a apresentações de bailarinas flamencas em Madri. Aplaudimos vários shows na Broadway e em Paris. Fico feliz porque foi comigo que ele teve esses momentos, já que antes não se dava esse direito.

Por ter vivido em sociedade muito machista, Paulo não foi mesmo educado para as tarefas injustamente denominadas "femininas". Era-lhe difícil colocar as toalhas molhadas do banho no lugar certo, fechar as portas do armário de roupas e outras. No entanto, foi muito organizado e disciplinado tanto em seu trabalho intelectual quanto em coisas corriqueiras.

No verão de 1996/97, o último que passamos juntos no nosso apartamento em Piedade, ele anotou em fichas a duração das caminhadas diárias que fizemos pela praia, da mesma forma como fizera, lá atrás, com suas fichas de leitura. Seu novo hábito de caminhar demonstrava mais do que sua organização: revelava uma disciplina que queria praticar em benefício de sua saúde, de sua vida. Infelizmente, tarde demais.

Cabelos ao vento

Poucos dias depois de começarmos a namorar, perguntei-lhe:

— O que você usa no cabelo?

— É um fixador. Não gostas?

— Na verdade, não gosto do cabelo tão duro e grudado na sua nuca. Ademais, ele está muito curto, mostrando seu pescoço. Deixe seu cabelo livre como você é, solto aos ventos da liberdade.

— Tens razão, mas será que não fica ridículo?

— Não! Assim seu cabelo comporá seu rosto e sua barba. Você ficará muito melhor composto!

Ele deixou o cabelo crescer e ficar livre. Tal qual ele, suas ideias e como se sentia em sua vida comigo. Ainda parecia ter uma pontinha de dúvida:

— Nita, tens certeza de que estou bem assim, de cabelo comprido?

— Você está como Freud e Marx. Mais do que com ares de outros, você está na completude de si mesmo!

Poucos dias depois, colocando o braço direito sobre minhas costas, pediu que fôssemos até o quarto:

— Queria que tu selecionasses as minhas roupas. Gostaria que tirasses do armário qualquer coisa de que não gostes!

Estava ansioso por dar mais um passo para sua "renovação visual". À tarde fomos a uma loja de roupas masculinas e o vendedor que nos atendeu nesse dia jamais deixou de nos procurar quando nos via passar. Meu marido passou a gostar de se vestir e se calçar, sem luxo, mas com um estilo que tornava aparente o que ele era intimamente: um apaixonado pela estética.

Depois disso, quando saíamos, ele se olhava no espelho de corpo inteiro de nosso quarto. Sorridente, tomava minha dianteira. Eu o provocava:

— Se achando bonito, hein, doutor Paulo?

Não respondia nem "sim" nem "não". No entanto, parou de se definir como "magro, feio e anguloso".

Pilhérias

I

Paulo gostava de fazer brincadeiras com algumas pessoas, mas apenas com aquelas capazes de entender seu jeito menino. Fez muitas com minha filha, Heliana. Na véspera da morte dele, quando saiu da sala cirúrgica em que lhe fizeram o cateterismo e a angioplastia, disse-lhe:

— Não é que o danado do teu namorado ligou para a sala de cirurgia e quando eu lhe falei que estava tudo bem, obrigado, ele respondeu: "Estou perguntando pela Heliana e não por você!"

Rindo, contou isso pegando em sua mão, enquanto a maca era conduzida pelo corredor a caminho do quarto.

De outra feita, enquanto Heliana voltava de um teste para um novo emprego, telefonaram da empresa para minha casa pedindo que ela retornasse imediatamente porque fora selecionada. Paulo combinou comigo pregarmos um susto nela. Quando minha filha chegou, ansiosa, ele foi logo avisando:

— Heli, telefonaram da empresa dizendo que não foste aprovada nos testes...

Fiquei com pena da minha menina, que fez um gesto de desânimo. Todo feliz, Paulo não aguentou levar sua "maldade" por mais tempo:

— É nada. Foste tu, sua danada, a escolhida!

II

Quando Dalvina — extraordinária mulher que trabalha para mim desde 1970 e nos acompanhou em nossa casa da rua Valença — ia até nossos escritórios para nos cumprimentar ao chegar de sua casa, Paulo a saudava dizendo:

— Dalvina, li hoje no *Le Monde* uma notícia sobre ti que me impressionou! Que tu... — Aí inventava um fato sobre ela, ou sua filha, ou sua netinha Ariadne. Ela ria de felicidade porque entendia que a pilhéria era demonstração de sua amizade.

III

No dia em que Paulo completou 75 anos, nossa última secretária, Lilian, foi visitar-nos com seu filhinho Gabriel, então com quatro meses. A partir daí, Paulo perguntava diariamente por ele:

— E como vai o marinheiro português?

Ela ria, sabendo que Paulo se referia à roupinha que o menino usara na visita. Questionei-o acerca do tratamento: talvez

Lilian não gostasse do "título" dado ao filho. Desde então, mudou o mote:

— Como vai o almirante brasileiro?

Gabriel fora promovido e perdera a nacionalidade lusitana...

IV

Com nosso caseiro, Genildo, que foi um verdadeiro "cuidador" de Paulo nos meses de sua viuvez, um paraibano do sertão com nítidos traços dos holandeses que por lá passaram há séculos, ele brincava:

— Eita, "sueco danado"! Quando puder, vou levar-te a Estocolmo! De terno novo, com pasta de executivo na mão, tu caminharás nas ruas. Eu irei atrás. Quero ver os economistas estrangeiros perguntando-te sobre a Bolsa de Valores de Amsterdã e constatar teu sucesso entre as mulheres louras de lá!

Genildo adorava a história, ria gostosa e timidamente. Não sei até quanto entendeu que era essa brincadeira uma prova imensa de sua gratidão a ele, que sempre socorreu Paulo nas horas de solidão durante a sua viuvez...

V

Certo dia, no ano de 1969, Paulo tomou um táxi em Cambridge, cidade dos Estados Unidos, quando dava aulas na Universidade de Harvard.

Seu inglês ainda era carregado com um sotaque incrível de estrangeiro. O motorista, aliás um universitário fazendo trabalho temporário, puxou conversa:

— Senhor, de onde vem? Onde nasceu?

— Sou brasileiro, embora acabe de chegar do Chile.

— Brasileiro, é? Pois estou estudando um autor brasileiro que viveu no Chile. Fui informado que ele anda por aqui. Chama-se Paulo Freire.

Surpreso e emocionado, Paulo resolveu fazer uma brincadeira. "Felizmente não nos causou problemas, antes uma amizade", comentava comigo. Provocou:

— Gostarias de conhecer esse professor? Ele é meu amigo!

— Ora! Gostaria muito! Muitíssimo!

— Podes jantar conosco amanhã às 18 horas?

— Com alegria!

— Estaremos à tua espera amanhã!

Tudo preparado. O jovem chegou pontualmente. Conversas e drinques por mais de uma hora. Em certo momento, Paulo levantou-se e perguntou:

— Vamos jantar?

— E o professor Paulo Freire?

Ele abriu os braços e um grande sorriso:

— Pois sou eu!!!

Abraçaram-se. O bom humor dos norte-americanos resguardou Paulo e lhe proporcionou uma boa amizade. "Ele se tornou meu amigo; não um discípulo. Aliás, não tenho nem quero seguidores! Quero recriadores curiosos sobre o que criei, com minha curiosidade epistemológica! Ele se tornou meu amigo", repetia.

VI

Espantado diante da velocidade com que a tecnologia produz inovações fantásticas, e até assustadoras, Paulo costumava brincar que, caso seu pai, que morrera em 1934, ressuscitasse "apenas o saudaria com alegria e ternura e pediria que fosse dormir, imediatamente, para que ele não tivesse um choque diante das mudanças no mundo. Só no dia seguinte começaria o rosário de notícias de impacto, novo rito de iniciação aos nossos tempos".

Em doses homeopáticas contaria, uma a uma, as novidades. Os sonhos de Júlio Verne — "Lembra-se, meu pai? O senhor lia os livros dele para mim! E de Aldous Huxley, lembra-se? Essas histórias deixaram de ser histórias de crianças ou para os devaneios dos adultos. O 'Admirável Mundo Novo' já é uma realidade!

"Pai, o que acho mais fantástico é que a gente disca o telefone para qualquer lugar e, numa engenhoca acoplada a ele, colocamos uma carta e o outro recebe tudo direitinho, com a mesma letra de quem escreveu, antes mesmo que o papel acabe de girar na frente de nossos olhos."

Fascinado pelo fax, Paulo concluía que se o pai dele "resistisse a esse troço estava apto a sobreviver neste final de milênio".

Dizia-se intrigado por ser mais velho do que seu pai — "Eu já tenho 75 anos e meu pai morreu com 54 anos de idade!!!! Que sensação mais estranha... que coisa esquisita!!!!!"

VII

Como ele gostava, com respeito enorme, de "caçoar" das pessoas, um dia fui eu quem lhe pregou "uma peça". Fiz uma pilhéria!

Um professor norte-americano tinha ido nos visitar e fazer uma entrevista com Paulo. Terminada esta, ele começou a elogiar a beleza de nossa parede repleta de quadros. Deteve-se num deles e disse quanto estava gostando da pintura de um quadro a óleo, a figura de uma mulher. Paulo levantou-se, sacou fora o quadro eleito e levou-o até a poltrona onde estava sentada a nossa visita.

O professor ficou embaraçado. Eu, perplexa, assistia à cena sem dizer nada, coração batendo e desejando que ele recusasse o presente. Foi o que aconteceu!

Quadro reposto no seu lugar, quando o professor se foi eu disse ao meu marido:

— Paulo, sei que você gosta de presentear as coisas que despertam interesse em outras pessoas, coisas que elas acham bonitas, mas pense... Se um dia alguma pessoa chegar aqui em casa e me achar bonita, você vai ter que me dar de presente...

Não disse nada... Ficou caladão, mas nunca mais ofereceu coisas de nossa casa para ninguém!

VIII

Sempre brinquei com Paulo dizendo que, ao deixar o Brasil para o exílio, em 1964, ele provavelmente tinha jurado sobre a Bíblia jamais perder suas raízes pernambucanas, mas que tinha exagerado na dose com relação às nossas comidas.

Esse "juramento" foi cumprido ao longo dos quase dezesseis anos de exílio, no seu mais profundo sectarismo alimentar, incorporado como um modo de ser desde a infância.

Paulo era complicado para comer. No Chile, acrescentou ao seu cardápio pernambucano os *loucos* e os vinhos. Na Europa, criou mais gosto pelos vinhos, sobretudo os da Espanha, Portugal e Grécia. Conhecia-os bem. Apreciava-os. Degustava-os com enorme prazer. Saboreava-os como um homem aberto ao novo que foi em tudo, só negando esta regra com suas complicações para comer.

Eu costumava dizer-lhe: "Paulo, você é mais que um homem de seu tempo: é um visionário. Mas, em matéria de comida, parou no tempo e no espaço, em 1930, no Recife." Ele concordava comigo, pois não poderia sequer negar fato tão evidente: de sua abertura a tudo estavam excluídas as comidas novas, as que não faziam parte do cardápio de sua mãe!

IX

Na nossa primeira viagem ao exterior juntos — foi a Nova York, em abril de 1988 —, ainda no avião, ele disse:

— Meu amor, vamos hoje jantar num dos restaurantes brasileiros da rua 46, vamos?

Eu respondi que sim, supondo que era uma brincadeira dele. Mas, à noite, quando meu filho Eduardo e sua mulher, Elsie, chegaram ao Gramercy Park Hotel para irmos jantar e nos apresentou algumas opções de restaurante, Paulo disse com a sua habitual cortesia:

— Dudu, já está decidido! Nita concordou comigo… vamos comer feijão no restaurante brasileiro!

Dias depois a estadia em NYC se alongou até uma pequena cidade do estado de Nova York. A comida servida era sempre tipicamente americana, e Paulo não comia nada. Dois dias depois, a professora que nos convidara lhe perguntou por que ele não tentava a comida que ela oferecia… Desistiu diante da resistência dele.

Sugeri que lhe oferecesse um prato de feijão, mas ela me disse que não tinha como encontrar esse "produto exótico" no norte dos Estados Unidos. Depois se lembrou de uma faxineira da universidade, mexicana de hábitos radicais, que nos salvou a todos. Ela foi levada pelo carro da universidade até sua casa e voltou com um prato enorme cheinho de feijão pronto para comer!!!!!

Paulo o comeu com alegria e gosto, demonstrando para quem o via almoçar que enfim encontrara o que queria, depois de passar fome por dias seguidos…

Nos últimos dez anos de sua vida, em viagens pelo exterior, fui testemunha do quanto ele procurava obstinadamente feijão e feijoada ou outros pratos brasileiros. Claro, quase nunca os encontrava; então, para mostrar sua insatisfação com a comida dos outros, exibia irritado os novos furos que fazia no cinturão a cada dia, a cada quilo perdido.

Eu brincava:

— Um dia vou mandar fazer uma estatueta de acrílico, de bronze ou de madeira, não importa, com grãos de feijão, cujos dizeres serão: "A Paulo Freire, merecedor do prêmio FEIJÃO, BEANS, FRIJOLES."

Jim

Jim era um lindo e fiel morador da rua Valença. Com Andra, teve muitos filhos. Na sua sabedoria, Paulo não só amava o casal, mas cuidava dele, sobretudo de Jim. Vivia a observá-los, para aprender com eles. Lições que transmitia pelo mundo afora. Reflexões sobre o mundo animal e da criação humana. Jim e Andra eram um casal de pastores-alemães que guardavam nossa casa.

Jim envelheceu, ganhou muito peso, seu coração fraquejava. Certa noite, quando voltávamos do lançamento do livro de uma amiga, abrimos a casa e Paulo foi soltar Jim do canil. Logo voltou, olhar triste, ofegante e corpo tenso:

— Nita, vá ver o que aconteceu com o Jim. Parece que ele está em sono profundo... não me respondeu. Vá ver o que aconteceu. Andra também não se move!

— Será que ele morreu? — perguntei.

— Não sei, por favor, vá lá.

Entrei no canil e Jim estava mesmo morto. Andra o "velava". Ela não chorou, não uivou, mas durante meses esteve como que presente àquela cena, apática e sem vida.

Na manhã seguinte, Paulo não foi para seu escritório escrever, ficou pensando qual destino daria ao seu cão morto.

— Vou mandar quebrar a calçada do quintal de nossa casa, cavar um buraco fundo e enterrar Jim aqui, perto de nós dois.

— Por que não o enterramos na casa de campo, em Itapevi?

Ele acatou a sugestão e, minutos depois, como que agradecendo o trabalho, a fidelidade e a capacidade de dar-se de Jim, embrulhou-o em cobertores e foi com o motorista e Genildo enterrá-lo em minha chácara perto de São Paulo.

Paulo se fazia mais humano acolhendo seu lado animal. Gostava de sua *bichandade*. Vivia-a entendendo e amando os outros animais. Trocando fidelidade. Nesse dia foi o momento de sua maior demonstração de gratidão e de fidelidade a Jim. Esteve com ele até seu enterramento!

O alarme falível

Com a violência crescente na cidade de São Paulo, resolvemos instalar um sistema de alarme na casa da rua Valença. Ligado o "treco" e acionado o código, qualquer janela ou porta, ao ser aberta pelo lado de fora, faria soar a sirene e enviaria um sinal de alerta para a central da empresa de segurança, avisando-a do perigo iminente.

Foram feitos os ajustes finais. Certos de que dormir com preocupação era coisa do passado, no entanto fomos acordados um dia, às seis da manhã, pelo som da sirene. O telefone tocou e eu atendi. Era a monitora da segurança:

— Aqui é da "farmácia", com quem falo?

Seguindo as instruções recebidas, respondi "tijolo", o nosso código de resposta, para dizer que tudo estava na santa paz de Deus. No entanto, o sistema pifara. A parafernália suíça de fios, sensores, captadoras de vidros quebrados e centrais à prova de qualquer acontecimento era falível!

— Nita, esse troço enlouqueceu?!

— Enlouqueceu!

A sirene disparou, soando ininterruptamente seu som azucrinante. Vesti-me, saí do quarto e vi vários vizinhos junto ao portão. Após o banho, "para acabar de acordar", Paulo se juntou à pequena multidão incomodada com o barulho e que aguardava a chegada de alguém para parar o som desenfreado... De repente, encostaram dois pequenos carros à nossa porta. Saltaram dois ou três seguranças uniformizados, armados e cônscios de suas responsabilidades:

— Tivemos ordem da empresa de entrar na casa e verificar o que realmente está ocorrendo.

Retruquei:

— Precisamos é de um técnico, não de seguranças. Não temos invasores e sim um sistema de segurança defeituoso.

O chefe do grupo insistiu:

— Temos ordem de entrar e vasculhar tudo em nome da segurança da própria família.

— Esperem que vou ligar para a central de vocês, ok?

Telefonei para lá, segui os procedimentos de identificação, perguntei o porquê da "tropa de choque":

— Minha senhora, liguei três vezes para aí, dizendo "aqui é da farmácia, com quem falo?". Daí, uma voz masculina respondia: "Falas para o número tal, mas não quero nada da farmácia, se já não é pouco o que está acontecendo aqui em casa, vocês da farmácia ainda insistem em nos chatear!"

Caí na risada. Paulo nunca se acostumara com os códigos de "diálogos ocultos", de números, de ligar e desligar, de abrir e fechar rápido a porta. Esquecera as "lições" da empresa de segurança, "bancárias" demais para seu jeito de ser. Voltei ao encontro daquela gente toda. Paulo perguntou:

— O que está havendo?

— Ligaram da "farmácia" e o que você disse?

Mais calmo, ele se deu conta da confusão que provocara. Com seu jeitinho de menino treloso, confessou:

— Ah! Fiquei irritado e mandei a moça para o inferno!

Os homens da segurança, com seus celulares, armas, bipes e códigos, receberam as contraordens e saíram pedindo desculpas. Pasma com a confusão, a sirene silenciou por conta própria. Paulo se despediu cortesmente dos que vieram nos socorrer:

— Até logo, muito obrigado. Eu faço a confusão e vocês é que se desculpam. Nita, como é mesmo que devo responder quando ligam de lá?

Abraçamo-nos e entramos para o café da manhã.

Segredos da sedução

Em março de 1989, fiz minha primeira viagem com Paulo. Fomos para Fortaleza atender a dois convites feitos a ele. Noite de gala com mil educadores e educadoras em que a prefeita Luiza Fontenelle entregou a Paulo a condecoração "Frei Tito". Muita emoção. Cerimônia belíssima.

Manhã seguinte, na Universidade Federal do Ceará, a audiência também numerosa não cabia no auditório, se estendia pelo quintal sombreado de mangueiras frondosas. Tudo o estimulava. Paulo fez um discurso científico, rigoroso e lindo, mas antes dedicou minutos a fio para falar do seu amor por mim.

Ao final da fala, o pequeno tablado onde estava a mesa de trabalho se encheu de gente; como sempre, cada um com sua pergunta. De repente, duas mulheres aparentemente mais velhas do que eu sussurraram ao meu ouvido:

— Queremos lhe fazer uma pergunta!

— Que façam!

Fiquei orgulhosa, pensando que tinham conhecimento de meus trabalhos em História da Educação. Mas elas retrucaram:

— Aqui, não!

Saímos do auditório e, embaraçada, uma delas perguntou:

— O que a senhora fez para conquistar esse homem fabuloso e maravilhoso?

Pensei rápido que aquela pergunta, feita em tom de voz maliciosa, e olhares oblíquos sugeriam que eu teria feito rezas, promessas, rituais em bacia d'água, velas acendidas para santo Antônio, visitas a terreiros de candomblé com sacrifícios de sangue, ou mesmo truques de sedução, dignos de uma Eva para com Adão, para "fisgar" Paulo.

Supunham "práticas ilícitas" de minha parte, nas quais os homens não optam, mas são capturados nas armadilhas femininas. Diante daquelas insinuações, respondi:

— Nada! Não fiz absolutamente nada... eu sou!

Saíram desconfiadas e, creio, com muita raiva e inveja de mim!

"Dúvidas epistemológicas"

Em 1989 fomos ao Uruguai. Durante as conversas e conferências, sempre juntos, nos tocávamos em afagos e não imaginávamos que éramos observados. Eram gestos instintivos e naturais entre mim e Paulo. Os anos se passaram. Um dia, ele chegou de Campinas dizendo:

— Lembras-te de duas estudantes uruguaias, de psicologia, que sempre estavam conosco em Montevidéu?

— Lembro-me bem delas — respondi.

— Elas pediram para vir aqui em casa discutir sobre alguns temas que as estão inquietando. Elas agora fazem mestrado na UNICAMP.

Concordei com a visita. Poucos dias depois estavam elas em nossa casa da rua Valença. Perguntas e dúvidas sendo discutidas, consulta a livros da biblioteca de Paulo, fotografias e sorrisos. "Estão felizes com o encaminhamento das dúvidas epistemológicas", pensei.

Almoçamos os quatro. Aos poucos ficaram mais à vontade comigo. Antes do cafezinho, Paulo saiu da sala. As duas se entreolharam e devem ter pensado: "Chegou a hora!" Uma delas tomou coragem e me disse:

— Sabe, viemos aqui com uma tarefa.

— Qual? — perguntei.

— Verificar se o professor ainda lhe alisa nas coxas. O pessoal da universidade do Uruguai achou esse gesto... bem... esse gesto bem ousado!

Ri muito diante dessa reação daquelas vigilantes de nossa linguagem corporal. Perguntei:

— E aí? O que vocês observaram?

— Que vocês continuam os mesmos!

— Que maravilha! Os anos não apagaram o nosso ardor e enlevo pelo toque de um no corpo do outro!

— Vamos dizer isso lá em nosso país!

— Podem dizer!

Paulo se juntou a nós. Conversamos mais um pouco. Quando as mestrandas se foram, riu muito ao saber da verdadeira missão que lhes fora solicitada e que executaram com tanto prazer e simpatia.

De mãos dadas

Éramos os convidados especiais do jantar na casa da diretora de um *college* no estado de Nova York. Logo na porta de entrada, fomos recebidos com boas-noites amáveis e drinques. Ritual tipicamente norte-americano. Conversas amenas, sala cheia, muitos sorrisos. A anfitriã convidou-nos a todos para nos servirmos do jantar na sala ao lado.

Enquanto ainda escolhíamos o que comer — salada de vegetais, peru fatiado, queijos e frutas -, a enorme sala de estar ganhava, sem nos darmos conta, nova arrumação. Paulo e eu voltamos para as duas poltronas onde havíamos sentado ao chegar. O resto do ambiente tinha sido ocupado por cadeiras de auditório, colocadas umas atrás das outras.

Paulo comentou:

— Pensei que hoje ia escapar do terceiro seminário do dia, mas me enganei.

Enquanto professores e professoras da Faculdade de Educação comiam, as perguntas faiscavam e ecoavam de toda parte da grande sala. No mundo capitalista não há tempo a perder: todo tempo é tempo de saber e de ganhar. Eles nem percebem isso. É compulsivo.

Lá pelas tantas, uma mulher de uns 45 anos de idade levantou-se, seguindo o bom costume local, e perguntou, séria e compungida:

— Professor Freire, gostaria de saber... bem, de saber... como um homem respeitado em todo o mundo, educador famoso...

Pigarreou várias vezes e, com voz nervosa, enfim concluiu a pergunta:

— ... como o senhor... fica pegando e acariciando em público, quase a noite toda, a mão de sua mulher?!

Silêncio no ar! Que pergunta difícil! "Como se sairá o mestre Freire dessa enrascada?", diziam os rostos daquele grupo de *scholars*, todos arrumados de frente para nós, petrificados pela questão...

Paulo riu, e começou dizendo:

— Por sua postura e a de seus colegas, que me pareceu prenderem a respiração enquanto você perguntava, dava a impressão de que eu não saberia a resposta. Mas ela é fácil, minha filha. Primeiro, você disse "sua mulher"; mesmo não querendo e não podendo fazê-la meu objeto, ela é minha mulher, na medida em que sou o homem dela. Peguei a mão dela, minha mulher, não a de uma mulher qualquer; isso seria ousadia e desrespeito. Pegar e acariciar a mão dela é gostoso porque ela quer e gosta e me responde com o mesmo carinho que eu quero e de que gosto. Ademais, isso não atrapalha minha capacidade de refletir, antes a aprofunda. Será que agora à noite, respondendo de mãos dadas com Nita, você me sentiu menos capaz ou rigoroso do que hoje à tarde no auditório da faculdade, quando me sentei longe dela e ela de mim?

O ar se aliviou. Possivelmente muitos tinham se inquietado com a pergunta indiscreta. Para as feministas ferrenhas, talvez fosse uma censura, também dirigida a mim; afinal, deixar minha mão para um homem tocá-la quando quisesse seria permissividade excessiva para a mulher de um educador, e logo ele, que há tantas décadas lutava a favor dos oprimidos, contra a objetificação do outro e da outra. Paulo prosseguiu:

— Pensar não é incompatível com o sentir e o prazer.

Antes se completam... Não devemos ser positivistas, mas dialéticos também com o nosso corpo. Larguem essa besteira de ter medo do corpo!

Aplausos, muitos aplausos. O ambiente voltou a ser fraterno. O seminário acabou. Ninguém mais ousou fazer novas perguntas. A noite ficou mais feliz, a música de fundo tocou outra vez, voltamos a ser os humanos comuns que somos.

Que podem pensar e comer em paz, de mãos dadas!

Ciúmes

No encerramento da campanha de Lula para a Presidência da República, em fins de 1989, subimos ao palanque do comício, em frente ao Estádio do Pacaembu. Lá estavam políticos, educadores e artistas. Passei a conhecer pessoalmente vários deles, naquele fim de tarde de alegria com a perspectiva de que o Partido dos Trabalhadores chegaria ao poder, no seu topo, a Presidência da República.

Na euforia cívico-musical-pedagógica, eu e um famoso compositor da MPB nos vimos pela primeira vez. Olhamo-nos de longe. Perguntei-me: seus olhos são verdes?! Ou azuis?! Ele demonstrava uma curiosidade grande por minha pessoa, o que incomodou sobremaneira o meu marido. Talvez pensando: como será a nova mulher de Paulo Freire? Do outro lado do palanque, sem deixar de o olhar, constatei: ele realmente tem um grande *sex appeal* e é tão simpático e bonito ao vivo quanto parece na televisão e nos palcos. Ele caminhou para nosso lado, se aproximou e, então, Paulo nos apresentou.

Cumprimentamo-nos. Aquilo foi demais para meu marido. Quando pôde, pegou-me pelo braço e levou-me a um canto:

— Demorado aperto de mãos; demorada troca de olhares!

— Não foram tão demorados assim...

— Vivias dizendo que querias conhecê-lo! Que ele tem *sex appeal*! Estás feliz agora? — retrucou, com visível raiva.

Não cedi um milímetro sequer do meu direito de ter ficado feliz em conhecer aquele charmoso, sedutor, compositor e cantor:

— Agora já o conheço, pessoalmente. Ótimo! E você, não queria revê-lo? — retruquei.

Lula entrou, discursos e mais discursos, músicas enchiam o ar fresco do anoitecer. Tudo se encerrou euforicamente com bandeiras vermelhas ao vento. E o mau humor de Paulo aumentava. Na saída, muitos amigos e correligionários. Aloísio Mercadante e Marta e Eduardo Suplicy insistiam em que aceitássemos uma carona. De cara amarrada, ele agradecia e desconversava:

— Não, muito obrigado. Estamos com o nosso carro!

Na verdade, prevendo as dificuldades de estacionar, fôramos de táxi. Paulo saiu num passo acelerado, alterando seu habitual caminhar vagaroso. Segui-o. Ele fazia inúteis sinais para que os táxis, todos ocupados, parassem. De repente, encarou a enorme ladeira, que sai da praça Charles Miller e vai dar na avenida Doutor Arnaldo. Ao chegar ao alto, no Mercado de Flores, convidou-me, mas parecendo querer me excluir:

— Vou tomar um táxi, tu vens?

— Acho que não precisamos mais de táxi, Paulo. Estamos a alguns metros de nossa casa... Mas, se você faz questão de minha presença, vou junto, sim!

Fiquei feliz pelo retumbante sucesso ampliado pela imaginação de meu marido. O que tinha de verdade não dava para tamanha reação. Nesse dia, pouco me importaram seus arrufos de amor e ciúme explodindo por todos os poros.

Entramos em casa, ele calado. Foi tomar banho, tirar o suadouro provocado pela agitação do comício e pela subida da ladeira. Minutos depois, chegaram a nossa casa a minha filha Heliana com algumas de suas amigas:

— Que inveja! Vimos você de longe conversando com...

— Não falem, meninas, não pronunciem o nome de ninguém! — cortei a frase fazendo o típico sinal de cale-se tocando meus lábios com o dedo indicador.

Depois, sussurrando, contei-lhes o ocorrido. Paulo andava para lá e para cá dentro de casa, cabisbaixo, destilando mau humor.

Bia, uma das meninas, me falou ao pé do ouvido:

— Meu Deus, nunca pensei em ver uma coisa dessas. Paulo Freire com ciúmes!!!

— Mais que isso: com ataque de ciúmes — completei.

Algum tempo depois, fomos dormir em silêncio. No dia seguinte, ele me trouxe um ramalhete de rosas vermelhas e este recado de amor, que sempre guardarei comigo:

Nita,

Em plena reunião de trabalho me é difícil trabalhar. Só penso em ti, no teu riso, na tua paciência, na tua boniteza, na tua humildade.

Nunca pensei que pudesse amar assim, novamente assim, como te amo, doidamente assim, juvenilmente assim, corajosamente assim, medrosamente assim, ciumentamente assim.

Amar ciumentamente assim é possível?

Sim. É possível porque te amo plenamente, ardorosamente te amo. Porque tu me fascinas, me inebrias, nas noites como nos dias. Porque me deste rumo quando perdera meu endereço, porque me trouxeste vida quando fenecia, porque deste sentido a meu dessentido. Te amo ciumentamente porque, não importa por quê. Mas, se insistes em saber, te digo: porque te amo, loucamente te amo. "No más."

Paulo

Ufa!!! Até hoje perco o fôlego, só de lembrar quão grande foi sua paixão por mim proclamada, sem rodeios, nessa carta!!!

Passados alguns anos, insistimos, eu e Heliana, para irmos a um show desse cantor. Paulo aquiesceu. Lá fomos os três a uma das famosas casas de espetáculos de São Paulo. Ele, que nunca reclamava de nada, naquela noite o fazia diante do limitadíssimo espaço de cada cadeira em torno de pequenas mesas redondas, por causa do serviço de bar que não nos atendia, porque estava quente... apertado... porque o show estava atrasado...

— Não faço questão de ver o palco e o cantor — disse.

Sentou-se de costas para o palco, cedendo as cadeiras de frente para nós duas. Começou o show. No fim da primeira música o artista pigarreia e pigarreia... No fim da segunda música, fica parado por instantes e prossegue... mal termina a música. No meio da terceira peça do repertório ele para no meio... sai do palco, lentamente, e caminha para os bastidores. Plateia atônita! Minutos de silêncio! Depois veio o empresário e anunciou que o cantor não se sentia em condições de continuar cantando e que os valores pagos seriam devolvidos a quem não se interesse em aguardar por novo show, em data a ser, posteriormente, divulgada.

Paulo teve, então, um comportamento novamente nada usual, que na verdade traduzia apenas seu ciúme menino, e disse sem acreditar minimamente no que dizia:

— Ele nunca foi cantor! Por que se meteu a cantar?!

Depois, já em nossa casa, tendo se acalmado, reconheceu:

— Ele é um grande cantor e intérprete, além de ser o melhor compositor-político do Brasil. As denúncias contidas nas letras de suas músicas ajudaram na conscientização de muita gente, contribuíram muito para a luta em prol da democratização do nosso país. Sua capacidade de resistência, sua sensibilidade e sua sabedoria anunciavam, desde os tempos mais difíceis e duros da Ditadura, um novo tempo, do qual eu sou um dos beneficiados. Tenho que reconhecer, sem pieguismos e sem ciúmes infantis, quem é esse homem, que todas as mulheres veem e sentem — e têm legitimamente esse direito — de reconhecer nele seu enorme *sex appeal*...

O primeiro *honoris causa*

Minutos antes de Paulo receber seu primeiro título de *doutor honoris causa*, da Universidade Aberta de Londres, em 1973, numa antessala da universidade, tudo girava em torno da solenidade. Um corpulento sessentão sisudo, que receberia o mesmo título, olhando de cima para baixo, perguntou a Paulo:

— Quantos títulos de doutor o senhor tem?

— Bem, sou doutor em História e Filosofia da Educação pela Universidade do Recife e esse de hoje será o primeiro, e talvez o único, de *doutor honoris causa*.

— Universidade do Recife? Onde fica isso?

Paulo rebateu com cordialidade a arrogância do outro:

— No Nordeste brasileiro. Recife é a cidade onde eu nasci.

— Não conheço esse lugar! Sabe, este é o meu terceiro título de *doutor honoris causa*! Terceiro!!!! — dando ênfase ao seu status "superior".

Enquanto proclamava isso, colocava a indumentária própria das festividades acadêmicas. Paulo reagiu com simplicidade:

— Parabéns...

Sempre que se lembrava desse fato, Paulo me perguntava, rindo:

— Ei, Nita, agora já tenho mais de trinta títulos, não é? Será que ele passou daquele terceiro?

— Sei lá. Por modéstia ou por conhecimento de Geografia, certamente ele nunca recebeu nenhum...

— Eu também nunca recebi título por modéstia. Mas seria danado saber que ele foi homenageado por ser modesto. Seria demais! — disse com humor.

Medo de avião

I

"Tenho medo de viajar de avião", Paulo admitia com franqueza.

Esse sentimento se manifestava de várias formas. Sempre chegava ao aeroporto bem mais cedo do que a hora estipulada. Esperávamos até cansar. Lembro-me de outras de suas reações intensamente emocionais. Viajávamos de Roma a São Paulo quando o avião entrou numa grande turbulência. Sensação de voar numa folha de papel, dançando ao vento. Ele sentado na poltrona do corredor e eu na da janela. Serenada a montanha-russa, para cá e para lá, para cima e para baixo, ele me pediu:

— Pergunte a essa comissária que vem aí se...

— ... se o avião vai cair? — completei, rindo.

— Que piada de mau gosto, Nita!

Fazendo graça, eu tentava aliviar nossa tensão, sem muito sucesso. Então respondi:

— Se eu não falo italiano e estou mais afastada da moça, que pergunta faria a ela senão sobre os preparativos para um desastre?

— Não tem graça! Não brinque com essas coisas...

II

Em outra ocasião, embarcávamos em São Paulo, com destino a Paris. Escala e troca de aeronave no Rio. Tudo ok! Como sempre nessas horas, Paulo calado, de mãos dadas comigo e me acariciando. De repente falou:

— Estou com uma dor terrível.

— Onde dói?

As turbinas zumbiam alto na cabeceira da pista, com estrondos para dar a arrancada voadora. Repeti, ansiosa e pensando em pedir auxílio aos comissários, ali perto:

— Onde lhe dói? Vou pedir para o avião não decolar.

— Não! Não faça isso… está passando…

O som das turbinas aumentava em grunhidos estrondosos. Tão ensurdecedores como Santos Dumont jamais suporia. Insisti, ainda muito aflita:

— Vou pedir para não decolarem!

— Não, não faça isso. A dor passou…

— É verdade?

— É verdade, sim, fique em paz!

O gigante alcançou as alturas, dando uma sensação gostosa de liberdade, da grandeza da criação humana. Da criação de um gênio brasileiro. Mais tranquilo, Paulo voltou a conversar comigo.

Dignidade no ar

Não sabemos por que cargas-d'água nos jogaram num voo entre Filadélfia e Nova York, após alguns dias de trabalho em Vilanova. Afinal, por trem são apenas duas horas de viagem. Fizemos o *check-in* e só depois de uma hora percebi que nossos cartões de embarque indicavam poltronas 6A e 6F. Voltei ao balcão de atendimento e recebi a resposta lacônica:

— Essas poltronas são juntas. Não há motivo para mudá-las.

Voltei a Paulo e lhe comuniquei que iríamos viajar juntos, como sempre. Até nos chamarem para o embarque, ainda demorou bastante. Descemos uma enorme escada e tomamos um ônibus que serpenteava por pistas exclusivas. Entre risadas e aplausos, três rapazes e duas moças começaram a cantar uma música *country*. Enfim, paramos em frente ao avião. Avião? Nervosa, perguntei:

— Vamos viajar nessa geringonça?

— Vamos, sim!

— Eu, não, por favor!

Parecia que a estreitíssima escada ia voar com a ventania. No topo dela, apareceu o comissário, que também era o copiloto, meio agachado, meio de pé, foi se esticando. Pôs-se ereto, vestiu o paletó azul-marinho com galões dourados e nos convocou a entrar. O primeiro a subir, aliás, com enorme dificuldade, era um desses americanos gordíssimos. De repente, gelei:

— Paulo, você percebeu que a hélice é em cima? Só vi um modelo assim nos anos 1970, quando meus filhos ainda eram pequenos e compravam miniaturas de avião para montar!

— Calma, Nita. Se nos colocaram nesse aparelho, ele dará conta de nos levar até Nova York. É perto, chegará logo.

— Logo? Isso vai mesmo chegar? Acho que não deveríamos embarcar...

Os jovens continuavam cantarolando. A contragosto, subi. Reclamei contra o fato de ter de me agachar muito, não só para passar pela porta, como também para andar pelo corredor da "aeronave". Conseguimos nos sentar, cada um de um lado. Prossegui meu rosário de reclamações, com enorme mau humor e medo:

— Nem banheiro tem e eu passei mal ontem. E se precisar?

— Não vai precisar, Nita. Acalme-se.

Afivelamos os cintos, o motor daquela "coisa" fez barulho e começou a rodar pela pista como se fosse uma enorme motocicleta. Quanto ao gordo, coitado, algumas partes dele sobravam do assento e se derramavam pelo corredor. Não achei graça, me solidarizei com sua deformidade. Os jovens continuavam cantando, puro deboche. Para piorar, ainda apareceu uma tempestade! Decolamos e o avião furou galhardamente a tormenta, agora admito. Após aqueles minutos de pavor, Paulo falou:

— Também estava morto de medo. Precisei me controlar porque nunca tinha visto você com medo de avião!

Fechou os olhos por instantes, relaxou e me provocou:

— Diga, Nita, já viajaste em avião com tanta dignidade? Ele voa altaneiro, com muita dignidade, soberano no ar...

— Prefiro a dignidade do Boeing ou do Airbus!

Pouco depois, respiramos aliviados. A coisinha aterrissou suavemente em New York City. Salvamo-nos todos, por incrível que pudesse parecer. O grupo dos jovens cantou, mais entusiasmado do que antes, a música "New York, New York"!

Coerência e gosto pelas coisas do povo[12]

Acho que ninguém desconhece o amor de Paulo Freire pelos homens e mulheres das camadas populares. O seu gosto pelas coisas do povo. Pela alma, pela cultura e pela manha dessa gente destituída de quase tudo, mas que, entretanto, está presente com o seu "saber de experiência feito" na compreensão de educação de Paulo. Com o seu saber de senso comum, o povo ensinou muito ao meu marido, com o seu humor, a sua irreverência e uma certa crença de que as coisas estão sendo assim, não são assim.

Paulo trabalhou toda a sua vida pela gente sofrida — pelos "esfarrapados do mundo" — não só por uma razão meramente da inteligência racional. Ele se dedicou a essa causa. Dedicou-se ao povo, trabalhou com o povo, ficou com o povo em virtude de sua sensibilidade ao humano; traduziu as necessidades, os desejos e as aspirações do povo por sua ligação profunda com a ingenuidade, com a ausência de preconceitos, com a abertura ao imprevisível que a vida oferece aos homens e mulheres do povo de modo mais radical. Com tudo que essa nossa gente tem para ensinar.

Quando Paulo voltou do exílio querendo "re-aprender o Brasil", como declarou publicamente, não só leu livros dos novos intelectuais brasileiros e brasileiras da área da educação. Leu romances e contos, revistas e jornais. Ouviu conferências, assis-

12. Agradeço a especial gentileza de Jorge Cláudio Ribeiro, que permitiu a reprodução desta crônica escrita por mim e publicada no *Caleidoscópio 2002: Antologia literária*. São Paulo: Olho d'Água, 2002.

tiu a programas de televisão quase exaustivamente; debates políticos, programas sobre sexo para mulheres ou para adolescentes, novelas, tudo que lhe pudesse mostrar por que caminhos tinha andado o Brasil durante os quase desesseis anos de seu exílio. Participou de reuniões de movimentos sociais e cooperou com suas reflexões.

Com gosto muito especial preocupou-se em rever a leitura de mundo das camadas populares: seus escritos em muros espalhados pelas ruas das cidades, nas portas dos banheiros públicos, nas traseiras dos caminhões. Assim pôde observar as mudanças no comportamento, em geral, de nossa gente. Mais alegre, menos submissa, de uma certa forma mais politizada. Ele percebeu essa mudança no modo de expressarem-se falando com todo o corpo, sem comedimentos. Dirigindo a palavra quer aos ricos, quer às mulheres, sem medos ou receios, antes com um certo ar de deboche. "Escrevendo" seus modos de ser nos espaços que lhes eram "permitidos", expondo sua gentidade negra, manhosa e astuta; irreverentemente subversiva.

Paulo, como sempre, refletia o que via e ouvia e expunha as suas interpretações a respeito dos fatos analisados. Sobre esses fatos novos, dizia-me com alegria e satisfação serem a nova maneira de as camadas populares exteriorizarem a sua rebeldia, mostrarem a resistência necessária aos padrões elitistas como meio de saírem deles, de enfrentarem sua revolta pela secular condição de submissão na qual viviam determinadas pela escravidão negra.

Certo dia, após comentários sobre esse novo jeito de ser dos homens das camadas populares, ele mostrou seu interesse em acompanhar-me a uma feira de rua. Queria ver e ouvir os pregões dos feirantes de que eu e outras pessoas vínhamos lhe falando. Saímos para uma não muito grande, mas perto de nossa casa. Caminhávamos vagarosamente, sem pressa, até para dar-lhe tempo para suas observações político-antropológicas. Escutava tudo com interesse. Ria contidamente, atento a tudo e a todos.

— Frutas frescas… fresquinhas… frutas fresquinhas… macias… rechonchudas… pêssegos… maçãs… boas para comer… como todo mundo gosta!!!! — repetia um dos feirantes em evidente atitude de concupiscência.

Do outro lado da rua, completando o coro de duplo sentido, mas querendo fingir querer apenas chamar a atenção da clientela, em flagrante cumplicidade de classe e de gênero, própria do jogo sexual popular, outro feirante, muito jovem, gritava esperando ver ecoar a sua maliciosa frase:

— Madame, madame, olha a manga… manga espada… olha a manga espada… no ponto! Quem quer? Quem quer para chupar!?

— Mulher bonita não paga!… não paga!… não paga!… mas também não leva!!! — dizia outro, dando gargalhadas.

Dizia e repetia, quando alguma mulher, longe de lhe parecer uma Vênus, se aproximava de sua barraca, zombeteando:

— Olha aqui... olha aqui... só vendo frutas para mulher feia e para marmanjo... se a mercadoria sobrar!!!

— Que Deus ajude as mulheres bonitas! Os maridos não lhes negam nada... nada... nem dinheiro para gastar na feira... — dizia outro, como se quisesse atrair quem lhe parecia aquinhoada pela beleza.

Paulo calado, tanto quanto as mulheres desses feirantes: elas por interesse complacente e ele por necessidade de preservar-nos, me acompanhava. Nesse dia eu tinha vestido, inadvertidamente, um macacão amarelo atendendo aos apelos nacionalistas de clima de Copa do Mundo: o Brasil jogaria à tarde e era preciso "dizer" que eu torcia pelo meu país.

De repente um outro homem, mais moço e mais atrevido do que todos, falando alto olhando para mim, para Paulo e para seus companheiros e suas companheiras de trabalho, desafiando-nos a todos, transgredindo as falas de submissão que Paulo conhecera até os anos 1960, no Recife, disposto a ser ouvido por todos, disse, repetindo algumas vezes:

— Nesse campo é que eu queria jogar... nesse campo amarelo eu queria jogar... Ai, meu Deus...!!! Ai, meu Deus...!!!

De repente Paulo chamou-me. Vi que sua face demonstrava uma certa dissonância entre o que sempre desejara e incentivara

— a rebeldia do povo — e o incômodo gerado por seu zelo de homem, de marido ciumento, ou talvez fosse mais do que por esses sentimentos; na verdade, talvez fosse pela sua impotência diante do fato. Creio que ficou dividido entre gostar da lisonja a mim e suas esperanças políticas e o repúdio pela insolência do ato. Meio atônito, meio encabulado, tocou-me no braço e disse-me:

— Nita, terminaste?! Estou cansado... basta! Quero voltar para casa.

Chegando a nossa casa, enquanto arrumava a fruteira apenas comentei:

— Preveni-lhe, Paulo, como era na feira... você quis ir... Estou achando a sua atitude incoerente: você vem lutando pela rebeldia das pessoas do povo e hoje...

Ele cortou minha frase, ainda mais aflito do que perplexo com o avanço com que os homens das camadas populares manifestavam seus gostos, sem se perturbarem se as mulheres estavam acompanhadas por um homem ou não:

— Nita, Nitinha... — chamava-me assim quando ficava nervoso — não há coerência absoluta! Preciso sentir-me e saber-me incoerente até para saber-me coerente! Para fazer-me mais coerente!

"Nasci sem bússola!"

"Nasci sem bússola!" era um desabafo bem-humorado usual de Paulo. De fato, mesmo hospedado num hotel durante vários dias, ao sair do quarto, nunca sabia se o elevador estava à direita ou à esquerda. Ficava feliz quando reconhecia alguma avenida de São Paulo: em geral, a Paulista e umas poucas por onde passávamos com mais frequência.

Certo dia em Paris, um casal de peruanos que lá se fixara após o exílio convidou-nos para jantar. Um tanto tensos, discutiam sobre o melhor itinerário, em qual estação do metrô desceríamos, seguir por aqui ou por ali.

— Dessa briga estamos livres, Nita. Sigo rigorosamente seu caminho. Nunca sei por onde seguir! Nasci sem bússola!

Paulo usou e abusou do direito de se perder ou de esperar minha iniciativa em matéria de itinerário. Numa dessas vezes, custou-me acreditar que se perdera. Estávamos na Universidade Loyola, na Califórnia, num pequeno apartamento para professores visitantes. Todas as manhãs saíamos para o seminário e almoçávamos na universidade ou em algum restaurante da cidade. Passados dez dias, senti falta da rotina de dona de casa. Disse-lhe:

— Hoje fico em casa cuidando da limpeza, quero deixar a roupa em ordem e fazer um arroz com feijão como você gosta.

— Como é que vou para a sala do seminário?

Da sacada do apartamento apontei o trajeto:

— Você sai do nosso prédio, segue em frente, cruza esse jardim florido e vai para aquele edifício cheio de janelas. Ali, está vendo?

— Sei. E o que faço?

— É ali o local da reunião. Para chegar à sala, siga o corredor à esquerda.

— Está fácil ir sem você; difícil será ficar sem você...

Beijou-me e saiu. Arregacei as mangas. Feijão de molho, camisas no sabão, vassoura em punho. De repente, soou a campainha. Era ele.

— O que houve? — perguntei.

— Me perdi! Simplesmente me perdi. Precisei pedir ao jipinho de serviço da universidade que percorre o *campus* para me trazer. Andei durante uma hora!

— Não acredito!

— É verdade, Nita. Me leva até lá?! Não posso faltar a esse compromisso e não adianta tentar chegar lá sozinho.

Não era brincadeira. Vesti-me rápido, desliguei o fogão e fui com ele. Poucos minutos depois umas vinte vozes perguntavam o que acontecera, interrompendo os trabalhos de grupo iniciados pelos monitores devido à demora do mestre.

Será que alguém acreditou na nossa explicação? Talvez. Pois era inconcebível para eles que uma brilhante inteligência se aliasse a uma cabeça "sem bússola"!

Perdidos numa tarde fria

Após nove horas de voo, partindo de São Paulo, chegamos a Nova York.

Estávamos em 1992. Depois de alguma espera, prosseguimos para Washington, onde nos aguardava uma jovem funcionária da OEA, muito bonita, amável, e que falava português. Logo chegamos ao hotel. Subimos ao quarto e depois de cinco minutos descemos para almoçar. O hotel ficava de frente para uma praça e almoçamos num maravilhoso restaurante. Este e a praça tinham nome italiano. Essas eram minhas únicas indicações do local onde estávamos hospedados.

Depois de comermos, pedi para ir comprar novas escovas de cabelo e pentes, que eu tinha esquecido de levar. Caminhamos os três até chegar a uma loja. De repente, a americana disse:

— São três horas e dentro de uns dez minutos chegará o homenageado da Jamaica. Desculpem-me, mas sou a encarregada de buscá-lo e preciso pegar o carro. Nós nos veremos à noite!

Antes que ela saísse correndo, ainda tive tempo de perguntar como voltaríamos ao hotel.

— Duas quadras em frente... entrem à esquerda... mais três quadras à direita — dizia enquanto se afastava.

Completei minhas compras, paguei. Então começou a dúvida quanto àquele esquema de ir em frente, esquerda e direita.

Para piorar, a loja era de esquina e eu não me lembrava por qual porta havíamos entrado.

Tentamos reconstruir nossos primeiros passos ali dentro. Mas não tivemos muito sucesso. Cansados da viagem e de andar, nos perguntamos o que fazer. Para piorar, nem sequer sabíamos o nome do hotel! O vento frio de novembro começou a incomodar. Pensamos em parar um carro de polícia e pedir orientação. Decidimos tomar um táxi e ir ao escritório da OEA. Mas o motorista do Primeiro Mundo não facilitou:

— Sem endereço não consigo ir!

Quase suplicamos e ele acabou aceitando. O carro entrou e saiu por ruas e avenidas. De repente, no lusco-fusco do entardecer, vi um prédio com uma enorme placa dourada na qual estava escrita a tão procurada sigla "OEA". Paulo desceu para falar com o porteiro, mas este exigia o crachá. Paulo explicou que não era funcionário da organização e sim um homenageado. "Estou aqui a convite. Amanhã receberei o Prêmio Andrés Bello para educadores." Nada, absolutamente nada, convencia o corpulento porteiro, ladeado por dois policiais não menos robustos e, além do mais, armados. Vencido pela "obediência" às normas e pela desvantagem evidente, Paulo pediu:

— Chame, então, alguém do escritório para que me ajude!

Desce um completo grupo de socorro, incluindo a guia que nos tinha largado na loja. Lívida diante da situação criada, ela nos levou ao hotel. Logo recuperamos a cor e o calor. Uma certeza ficou: João e Maria das histórias infantis tinham razão em deixar pedrinhas marcando o caminho de volta.

Refresco de cajá

Piadas sobre seus hábitos alimentares corriam entre seus amigos de exílio. Nem por isso Paulo abdicava de suas exigências. Só ultimamente flexibilizou um pouquinho seu restrito cardápio.

Berta e Darcy Ribeiro contaram-me que, no Chile, desatento e pouco familiarizado com o castelhano, ele desceu de um ônibus ainda em movimento ao ler uma placa numa casa de suco de frutas: "CAJA". Pensou que era "suco de cajá": frutinha que exala um cheiro maravilhoso, de cujo suco se faz um "refresco" de sabor surpreendente. Por isso ele cometeu esse ato tão perigoso e irrefletido.

Pedia freneticamente ao atendente do balcão:

— Por favor, um copo grande de refresco de cajá, com gelo.

Cada vez mais ansioso, ele antevia o prazer de degustar o bendito suco.

Atônito, o chileno não entendia aquele pedido tão inusitado.

De repente, Paulo percebeu, frustrado, que a placa indicava o local — o caixa — onde se pagavam os sucos: de *naranjas*, de *duraznos*, de *ciruelas*... e não de cajás, mangabas, pitangas ou graviolas!

Contou o fato aos companheiros de exílio para dividir seu desapontamento, mas, ao contrário do que esperava, eles não o deixaram em paz. O engano deu motivo a gozações de que não gostava. Ficava sério quando lembravam seu pernambucano gesto guloso. Aprendeu a controlar seus impulsos gustativos, não sem sofrimentos e saudades dos cheiros e dos gostos do Recife que tanto amava.

Um cozido dos deuses

Íamos receber um casal de argentinos para o almoço. Mandei preparar um maravilhoso cozido brasileiro. Na hora do almoço, no entanto, ele chegou sozinho, pois ela ficara em Buenos Aires, devido ao seu trabalho.

Toda feliz, nossa cozinheira colocou na mesa a iguaria, feita com o maior capricho. Toalha branca engomada por Dalvina, talheres, pratos e copos... tudo bem-posto.

Veio uma travessa com legumes verdes, brancos e amarelos, amorosamente arrumados. Outra travessa trazia as diversas partes de carne: paleta, costela, maminha, braço, músculo, paio, linguiças, bacon, charque.

Dava água na boca. Terrina com pirão feito com o caldo temperado onde tudo fora cozido, acrescido da farinha de mandioca, em fogo brando, lentamente mexido com colher de pau para o cozimento. Exalava um cheiro indescritível. Subia a fumaça inebriadora de comida de deuses!

Sentamo-nos à mesa e Paulo descreveu o "banquete" com requintes de quem fala de suas amantes. O convidado arranjou uma desculpa esfarrapada:

— Só janto, não costumo fazer refeições no meio do dia.

"Então, como é que ele aceitou vir almoçar?", pensei. Ele olhou sorrateiro para as diversas travessas, levantou-se e, num piscar de olhos, garfou metade de uma batata-inglesa, a tão comum e famosa *papa* argentina, e a colocou no prato. Segundos depois, fisgou mais rápido ainda um pequeníssimo pedaço de carne.

Paulo e eu nos banqueteamos. Nosso amigo se limitou às duas pequenas investidas. Não tomou nenhum suco de frutas — caju, maracujá, cajá e graviola — nem os doces de frutas — goiaba, banana ou jaca. Tomou o cafezinho.

Quando o convidado saiu, Paulo repetia insistentemente frustrado:

— Que coisa horrorosa! Que coisa horrível! Isso não se faz!

Surpreendi-me. Nunca ouvira Paulo comentar sobre a conduta de outras pessoas, muito menos tão duramente como naquele momento. De repente, como que iluminado, ele completou:

— Pois não é que eu fiz o mesmo pelo mundo afora durante todas essas décadas de viagens?! — E justificou tão inesperada confissão: — Nunca me dei conta, tanto quanto hoje, de que a comida é o maior traço cultural de um povo! Hoje senti na pele a humilhação a que submeti tanta gente pelo mundo todo, negando-me a comer seus pratos mais valorizados, sem nenhum constrangimento.

Desde então, foi mais discreto ao negar-se a comer fora de seu cardápio habitual. Mas não se esqueceu da repulsa do amigo ao "prato mais gostoso do mundo".

A gorjeta em Estrasburgo

Em agosto de 1988, fomos à Holanda e resolvemos seguir de automóvel até a Suíça. Viagem pesada, dada a distância e o desconforto do carro, pequeno demais para nós dois e mais um casal. Chovia muito. Tráfego intenso e máquinas velozes esbanjando potência. Montanhas, vales, margeando rios, entramos pela Alemanha. Já à noitinha, paramos na cidade francesa de Estrasburgo para jantar.

A chuva parou. Visitamos a catedral. Esplendorosa, ela exibia, mesmo que em rua estreita, sem recato, a grandeza e a capacidade da construção humana. Imponente e majestosa, acolhia turistas do mundo todo e devotos locais. Beatas mulheres, na verdade.

Fizemos um rápido passeio a pé para ver aquela cidade tão linda, para esticar as pernas e aliviar o corpo dolorido, espremido ao longo de tantas horas de viagem.

Escolhemos um aprazível restaurante. Terraço aberto e trepadeiras em flor compunham o ambiente aconchegante. Mesa bem-posta, toalha xadrez vermelha e branca, copos, talheres, guardanapos. Sem luxo, tudo nos parecia simples e agradável. "Comer na França, que delícia!", pensei.

Cada um de nós, bons *gourmets* que éramos, cada um com suas predileções gustativas, escolhemos, à moda francesa, a entrada, o prato principal, a sobremesa e a bebida. Os preços eram módicos e tínhamos uma fome brava. Fizemos nossos pedidos.

Restaurante cheio, mais de quarenta minutos de espera.

Começamos a nos deliciar com a comida, e cada um de nós, de vez em quando soltava um "ah!" de regozijo. Após comer três *escargots* eu tentava, inutilmente, com os talheres apropriados em punho, capturar os outros moluscos a que tinha direito. Nove caramujos vazios!

Reclamamos, e a garçonete, mulher de meia-idade, com rugas abundantes e muito diligente, assumiu nossa indignação:

— Em dez minutos trago os *escargots*. Todos os que o cozinheiro lhes subtraiu!

Ela serviu os outros pratos dos comensais de minha mesa e eu esperando... Desculpava-se de vez em quando pelo imprevisto. Paulo apreciou o seu interesse em me atender a contento. Enfim, eles comeram bem e eu fiz uma refeição a conta-gotas. Veio a conta. Paulo fez suas considerações:

— Muito barato para um farto e bom jantar... ótimo vinho! — Sacou o dinheiro da carteira e pagou o preço acrescido de uns 40% como gorjeta para a garçonete. Perguntei se não considerava aquilo um exagero. Ele me respondeu: — Não é. Você já viu maior eficiência e simpatia do que a dessa moça? Ela merece ser bem gratificada.

— Em que lugar do mundo a gorjeta é tão alta?

— Veja, Nita: nasci nu e tenho tudo o que tenho. Ela merece, sim! E assim vai ser!

Ao sairmos, procuramos nossa garçonete para nos despedir. Seu colega informou:

— Ela precisou sair mais cedo... saiu mais cedo!

Ficou no ar a suspeita de uma retirada estratégica, para prevenir nosso eventual arrependimento perante tamanha generosidade de meu marido.

A *paella* em Tóquio

Fazíamos nossa primeira viagem pelo Japão, em agosto de 1989. Fascinante! Visitamos Osaka, Nara, Kyoto, Hiroshima, Aomari e Tóquio. Palácios, jardins, estátuas de Buda, templos, rituais do chá, danças e lutas típicas, trem-bala, monte Fuji — tudo isso o Japão nos oferecia, e mais um guia em tempo integral.

Estávamos deslumbrados com as cores, as roupas, os costumes e a hospitalidade. E com a eficiência. Em tudo! "Ser hóspede deste país é a melhor coisa do mundo", dizíamos.

Paulo comparava aquele Japão com o país de seus sonhos antigos. Lembrava da fantasia infantil de furar um túnel desde Recife até o outro lado do mundo, viagem bem diferente daquela que fizemos em torno do globo terrestre.

Entretanto, duas coisas iam mal. Na hora de dormir, lá estávamos de olhos arregalados; durante o dia, o sono frustrado exigia uma dose extra de energia. O descompasso entre relógio social e relógio biológico era um pesadelo para nós. A outra coisa era a comida; aliás, problema só dele. Os japoneses comem crus os frutos do mar. Provando de tudo, deliciava-me!

No fim da viagem, em Tóquio, deixamos livre o nosso guia para ele ficar com a família dele. No quarto do hotel, mostrando a calça frouxa e o cinturão folgado, já precisando de pelo menos três novos furos, Paulo me fez um convite-ameaça:

— Vamos sair para comer. Mas aviso que, se não encontrar o que quero, vou ficar zangado!

— É muito simples, não saiamos. Assim ninguém ficará com zanga; apenas com fome…

— Não aguento mais, Nita. Quero fugir desses caldos ralos, sem nada dentro. Ainda faltam dois dias para voltarmos ao Brasil. Preciso comer!

Sem muita esperança, saímos. Antes, tive o cuidado de anotar os dados do caminho para a volta: nome do hotel, placa tal, árvore tal, esquina tal… Assim caminhamos sem receio de nos perder nessa gigantesca cidade, sem nomes de ruas. Ao dobrarmos a esquina de uma avenida li, piscando em neon vermelho, um nome familiar:

— Paulo, olha ali. Logo depois do anúncio da Coca-Cola há um outro, que você vai adorar!

— Não vejo nada que consiga ler, só caracteres japoneses.

De repente, ele sorriu. Identificara o anúncio de sua salvação… De sua libertação da fome e da raiva: "España". Fomos para lá.

— Nita, por onde se entra nesse restaurante?

— Não sei. Vamos procurar!

Tenta daqui e dali, descobrimos um corredor estreito que ia dar num elevador. Subimos até o sexto andar. Um garçom nos recebeu:

244

— *Buenas noches!*

— Saudação bendita — sussurrou Paulo. Mal nos sentamos à mesa, pediu apressado: — Uma *paella* grande e uma garrafa de Rioja!

Bebendo vinho, esperamos a assadeira preta. Conversávamos com toda a gente que ali trabalhava. Espanhóis alegres, que ganhavam o bastante para visitar anualmente sua terra natal e ainda juntar dinheiro. Veio uma pequena porção e nos entreolhamos:

— Pouco, não é? Vamos pedir outra?

— Vamos, sim, Paulo, a "grande" é insuficiente para duas pessoas, para nós dois.

Nova porção de arroz com açafrão, camarões, vieiras, mariscos e mexilhões. Ervilhas, tomate e pimentão. Fumegante, cheirosa e bonita, mas creio que não era tão boa assim. No entanto, ele vinha comendo mal às refeições — exceção para os cafés da manhã, idênticos aos *breakfasts* norte-americanos — naqueles doze dias de viagem. Motivado por aquela imensa fome, a todo momento ele repetia, feliz:

— Esta é a melhor *paella* do mundo!!!

Sopa de jerimum

Numa luxuosa e bonita sala de banquetes em Osaka, estávamos os sete brasileiros. Eu estava ali por benevolência de Luiza Erundina, que, sabendo que Paulo não iria sozinho para tão longe, pediu que a Varig me oferecesse um bilhete de primeira classe, já que o governo japonês tinha enviado a passagem dele nesse privilegiado espaço do avião. Os outros cinco companheiros eram do alto escalão municipal e estavam indo assinar um acordo entre as prefeituras de Osaka e São Paulo — "cidades irmãs" — e propor novas parcerias.

O dono do bufê era um japonês que havia morado em São Paulo, onde ainda possuía uma casa de festas. O cardápio estava escrito com gelatina em enormes pratos individuais para cada um de nós. Linda mesa redonda, toalha de linho branco impecável, uma série de talheres com detalhes de ouro sobre prata. Outra série de copos à frente do prato. Antevíamos um banquete oriental, digno das mil e uma noites. Pude contar no prato-cardápio que haveria oito pratos, só não sabia o que comeríamos, pois tudo estava escrito em japonês! Mas o anfitrião prometeu:

— É surpresa, mas acho que vão gostar!

Começaram servindo uma salada acompanhada por vinho branco francês. De prontidão, vários garçons impecáveis tiravam os pratos pela direita... serviam pela esquerda... não deixavam faltar pãezinhos quentes, torradas e vinhos.

De repente, os garçons entraram com lindas conchas do mar, verde-azuladas, sobre um pequeno tripé dourado e as colocaram no prato à nossa frente. Paulo achou deslumbrante a "tigela" onde foi derramado um creme escuro amarelo-avermelhado.

— Nita, acho que é sopa de jerimum!

— Não pode ser! Jerimum no Japão?!

Por trás de nossas imensas cadeiras de madeira entalhada com desenhos de dragões e estofadas com seda japonesa, uma voz nordestina interveio em nossa conversa:

— É sopa de jerimum, sim, senhor!

— Meu Deus! És brasileiro? — perguntou Paulo.

— Sou, sim, senhor, e o conheço desde 1980, quando retornou ao Brasil. Eu sempre o servia num restaurante da praça Panamericana, em São Paulo, no almoço dos sábados. Reconheci-o no momento em que entrou. O cozinheiro confirmou. Muita gente trabalhando lá dentro o conhece.

Sentindo que pisava em terreno mais firme, Paulo ficou feliz ao reconhecer a fisionomia do garçom e lembrar-se de fatos vividos no Brasil. Provou a sopa, repetiu algumas colheradas. Animou-se a perguntar:

— Essa sopa é gelada, mas é muito gostosa. Mas me diga se virá algum prato que nordestino não coma.

— Não, professor. Será tudo de acordo com o seu paladar. Eu o conheço bem nessa matéria de comida e tenho certeza de que vai apreciar tudo, tudo mesmo!

Gulosamente, Paulo tomou toda a sopa e esperou confiante cada troca de pratos. Constatamos ao longo da noite que eram requintados não só os utensílios e o cerimonial, mas também as iguarias que se sucederam, todas bem ao gosto brasileiro. Pudera! Ali trabalhavam quarenta de nossos conterrâneos e conterrâneas. Na cozinha ou servindo as refeições, ou ainda dançando, tocando e cantando sambas para entusiasmo dos japoneses solitários no teatro da casa noturna.

Mais tarde, percebi com perplexidade que eu era a única espectadora ali presente, no teatro de diversões — aliás, como tinha sido na sala de banquetes. As outras mulheres, todas brasileiras, trabalhavam como artistas para ganhar dinheiro e voltar do país do Sol Nascente para construir suas vidas no Brasil...

Eu era a única esposa ali presente... Incrível! Os japoneses, nos disseram, e pudemos confirmar com este fato, eles eram ainda muito machistas... nos fins dos anos 1980!

Foi uma noite memorável, da qual jamais esquecerei! Cordialidade. Sabores e cores. Requinte e bom gosto!

A bandeja de prata

Nessa mesma segunda viagem ao Japão, em julho de 1990, fomos à cidade de Osaka representando a prefeita da cidade de São Paulo, Luiza Erundina, num encontro internacional. Ao final de uma reunião de trabalho, cansados e calorentos, fomos para o hotel fantástico onde estávamos hospedados.

Acionando um botão eletrônico, da cama podíamos abrir a cortina da vidraça imensa do apartamento. De um lado, víamos edifícios recém-construídos, com imensos vidros espelhando a imagem ampliada de pássaros em voo e o frenético movimento das ruas. De outro lado, contemplávamos um antigo palácio imperial.

Depois de entrarmos nesse local discreto e luxuoso, conferi nossos pertences: relógio, anel e cordão de ouro, estava tudo como eu havia deixado pela manhã, sobre um belo e antigo prato japonês colocado na penteadeira, ao lado do banheiro.

Na mesa redonda da sala, havia uma linda bandeja de prata com algumas frutas: melão espanhol, melão amarelo, pêssegos, maçãs, peras e uvas enormes, arroxeadas e saborosíssimas, que não conhecíamos. Ao lado, um cartão muito amável. Comentei:

— Veja, ganhamos uma belíssima bandeja de prata e algumas lindas frutas. São suficientes para aguentarmos a fome até o banquete da noite.

— O presente são as frutas, que aqui são muito caras e apreciadas. A bandeja é do hotel!

— Não entendo assim, Paulo. Como é que uma empresa desse porte mandaria "apenas" frutas para o convidado de honra e representante da cidade de São Paulo? O presente incluiu as duas coisas!

— Não, Nita, a bandeja é do hotel! Deixe ela aí! Comeremos as frutas, e basta...

Passaram-se dois dias e a bandeja continuava lá, impassível. Eu a olhava... cobiçava, convicta de que era realmente uma cortesia da empresa de engenharia brasileira que realizava obras no Japão, inclusive o local da Exposição Osaka-1990, na qual Paulo representava a prefeita amiga.

— Essa bandeja é nossa! Veja, continua aí limpinha para a colocarmos na bagagem! Veja que até uma corrente de ouro com a folha da árvore de Osaka metalizada me foi oferecida pelo prefeito daqui. Imagine uma simples bandeja...

— Não, Nita, a bandeja é do hotel!!!

Já no avião, tarde demais entendi com clareza que, motivados pela honestidade, acabamos cometendo uma descortesia. Desconsideramos o presente e perdemos uma linda bandeja de prata!

Privacidade indesejada

Fomos a Colônia em outubro de 1990 como convidados especiais de organizações governamentais alemãs. Ainda dentro do avião, em Düsseldorf, um civil, dois policiais masculinos e duas femininas se postaram na entrada da aeronave. A comissária anunciou em inglês:

— Por favor, prof. dr. Paulo Freire e senhora: identifiquem-se!

Assustada, não imaginava que aquele aparato todo era para nos prestigiar e não para controlar ou informar más notícias do Brasil. Identificamo-nos e fomos ajudados pela escolta a sair do avião e a recolher a bagagem. Colocaram-nos num carro último modelo e nos escoltaram até o início da estrada com motocicletas, de sirene ligada. O civil era um professor que foi no banco da frente do automóvel. Descemos num hotel de luxo, em Colônia, e ele nos conduziu aos aposentos. Perguntou, em inglês:

— Gostam da sala?

— Linda, confortável, imensa!

Ele abriu uma porta e disse:

— Este é o apartamento da senhora Freire!

— Paulo, ele disse que esse quarto é só para mim? Será que não entendo mais nada em inglês?

— Não é possível quartos separados, Nita!

O simpático e eficiente professor abriu outra porta e, orgulhosamente, apontou:

— Professor Freire, este é seu apartamento!

— Ah! Isso, não mesmo! Casei-me para dormir na mesma cama com Nita. Agradeço, mas dispenso esse segundo quarto!

O professor ficou ruborizado. Perdeu o domínio da situação. Não sabia o que dizer. Titubeou. Enfim, vencido, respondeu apenas:

— Como o senhor professor desejar!

— Desejo é dormir junto com Nita... — ainda insistiu Paulo sem nenhuma inibição.

Talvez não tivéssemos nos hospedado em hotel com tanto aparato e em espaços tão grandes como aquele. Janelas de vidro enormes deixando-nos ver o rio Reno e o movimento constante das embarcações que por ali cruzavam dia e noite. Dois banheiros, quarto de vestir, sofás enormes e macios, mesa de jantar para seis pessoas e duas camas *king size* no "meu quarto", onde dormimos mais agarradinhos do que nunca, numa só cama, como que contrariando um hábito comum no Primeiro Mundo. O de os casais dormirem em cômodos diferentes, para resguardar um a privacidade do outro.

Quando meu sobrinho Thomas, que fazia doutoramento na Alemanha, chegou e nos explicou o motivo da reserva dupla de quartos, meu marido comentou:

— Quero saber dessa privacidade coisa nenhuma! Quero é cada vez mais intimidade com minha mulher! E você também comigo, não é, Nita?

Sorriu feliz ante meu olhar de total cumplicidade.

Tripas à moda do Porto

Estávamos em Lisboa, num domingo de dezembro de 1992. Eu comentava o afastamento dos portugueses, atraídos pela Comunidade Econômica Europeia, frente aos brasileiros. Paulo entendia e justificava o novo comportamento dos portugueses, de separação dos seus antigos colonizados. À saída do hotel, ele disse:

— Nita, pouco passeio e depois almoço, ok? Vou perguntar ao porteiro onde podemos comer "tripas à moda do Porto".

— Não pergunte isso! Se o prato tem esse nome, você terá que procurá-lo na cidade do Porto, não acha?

— Por quê? Lisboa não serve pratos do Porto? Tudo é Portugal!

— Mas na Europa cada região tem seu prato típico, que a outra jamais ousa preparar. Você já morou na Europa e deve saber isso!

Ele dirigiu-se ao balcão do hotel. Permaneci a distância, temendo ouvir o que de fato ouvi:

— Pois, pois! Que vás ao Porto. O nome já diz onde deves pedir essas coisas: aqui não comemos tripas!

O tom de voz e o sotaque carregado do irritado porteiro deixaram Paulo cabisbaixo. Voltou, deu-me a mão e saímos para um passeio. Ficou sem graça por não poder comer aquele prato que tanto desejava e desapontado pelo modo grosseiro como fora tratado pelo seu "irmão" que pouco tempo atrás defendera.

Anos mais tarde, no dia 22 de abril de 1997, assisti à parte final da última aula de Paulo para os alunos do Programa de Educação (Currículo) da PUC-SP. Dali fomos à sala dos professores, combinar o roteiro da viagem que faríamos a Portugal com um grupo de docentes e alunos do programa.

Combinamos que no dia 24 de maio desceríamos no Porto para que Paulo pudesse satisfazer sua vontade de comer tripas à moda do Porto, lá mesmo, no Porto! Com um sorriso contido, ele demonstrou alegria pela consideração dos amigos.

Essa viagem, infelizmente, não se realizou. Paulo se antecipou no dia 2 de maio e partiu levando consigo esse e outros desejos, tão simples, mas que por serem simples muita alegria lhe davam. Nós dois teríamos ficado muito felizes se ele tivesse realizado esse desejo esperado, pacientemente impaciente, por cinco anos...

Bacalhau na brasa

Leite de coco. Era o ingrediente com que meu marido adorava comer pratos de bacalhau, camarão, siri, lagosta e até maxixe. Eu sempre preferi o bacalhau na brasa, com batatas cozidas, coberto com azeite de oliva. Assim o comia em casa e nas minhas andanças com Paulo, tanto no restaurante de um português amigo em Genebra como em tantos outros no Brasil ou pelo mundo. Quando não encontrávamos bacalhau ao leite de coco, ele invariavelmente pedia carne de porco, embora eu tentasse seduzi-lo para outros sabores. Esforço inútil.

Numa noite de verão lisboeta de 1992, após apreciar as ladeiras e o casario antigo com seus telhados seculares do Alfama, fomos jantar numa casa de fados. Paulo me envolvia em seus braços, saboreava o vinho com enormes azeitonas, olhava-me com calor e ouvia os fados lindamente cantados por mulheres vestidas a caráter. Esperávamos o jantar. Veio o garçom:

— Senhor, o seu pedido não vai ser possível... acabaram-se todos os leitões.

— Paulo, não pense tanto, aproveite. Aí está o dedo de Deus. Ele está sugerindo que prove o bacalhau na brasa!

— Se não têm leitão, traga-me bistecas de porco.

Reafirmei meu pedido:

— Para mim, caprichem num bacalhau na brasa! Faz vinte anos que espero voltar a Portugal para comer novamente esse prato, como só vocês sabem fazer!

Meia hora depois, o garçom trazia uma pequena travessa com três bistecas. Brancas, mal fritas. Paulo as olhava com desgosto. Comeu duas sem demonstrar nenhum gosto em fazê-lo... Aí chegou meu bacalhau nadando no azeite de oliva, batatas e azeitonas, exalando cheiro e provocando gula. Ele me pediu em tom quase de súplica:

— Deixa-me provar?

— Como não? Prove!

Experimentou, quase com medo. Em seguida, exclamou:

—Ai, Nita, reconheço. Isto é uma maravilha! Teimei tantos anos, só comendo bacalhau ao leite de coco. A partir de hoje, vou introduzir o bacalhau na brasa em meu cardápio.

Espanha e espanhóis

Não sei como refazer esta minha crônica: perdi, perdemos todos os que amávamos Pato, o personagem central dessa história. Barcelona não é mais a mesma! Sua franqueza, sua alegria exuberante, sua generosidade jamais serão esquecidas. Mas a vida continua, e a dele, através de Ainara, sua filhinha com Lídia. Preciso, em nome também da memória desse extraordinário homem, reconstruir esta crônica, deixando aqui registrada a minha saudade dele.

Fizemos eu e Paulo duas viagens inesquecíveis pela Espanha. Inesquecíveis por causa da Espanha mesma, pelo nosso trabalho lá realizado, mas sobretudo por espanhóis incríveis: Ramón Flecha, Jesús Pato Gómez e Lídia Puigvert.

Em julho de 1994, Pato e Mercê Espanya nos esperavam no Aeroporto de Barcelona. Ela timidamente jovem. Ele alegre, bem falante, amoroso de seu país e de gentes, expressava os sentimentos de todos os seus amigos. Era meu primeiro encontro com eles.

Paulo e eu aprendemos a gostar do modo como Pato vivia, como ele entendia a vida mesma. De sua leitura extremamente amorosa do mundo e das gentes. Quer pela vida que dividia com os amigos e amores no "apartamento comunitário", quer pela maneira como se apaixonava e se entregava às suas mulheres, quer ainda pela dadivosidade com que nos recebia, acolhia e nos dava o seu tempo.

A história de amizade entre Ramón e Pato remontava a décadas. Estudantes universitários, estudavam e faziam política em Bilbao, no País Basco, ao tempo da ditadura franquista. Perseguidos, se refugiaram em Barcelona, onde se fixaram. Aí Pato viveu até o último dia de sua vida.

Em 1988, quando Paulo recebeu o título de *doutor honoris causa* pela Universidade de Barcelona, por solicitação de Ramón, estavam lá os dois amigos e Josep María, um amigo deles que fotografou a solenidade.

Contaram-nos esta incrível história de sorte e solidariedade. No dia seguinte ao doutoramento de Paulo, Josep foi à casa de Pato e Ramón e, depois de algumas brincadeiras, mostrou- -lhes o jornal com o resultado da loteria. Inacreditável! O bilhete, comprado por ele, dava direito ao prêmio máximo do dia!

Festejaram, festejaram, festejaram. Alegrias à parte, perguntaram-se: "O que vamos fazer com tanto dinheiro?" Primeiro, compraram um apartamento maior para a "grande família". Em nome da velha amizade, Josep deu a Pato metade do prêmio.

De sua parte, Pato deu metade à sua ex-esposa, comprou uma editora e um Audi. Sobrou dinheiro. Convidou vários amigos para um cruzeiro às ilhas gregas, pelo tempo que durasse a dinheirama, já que as passagens de volta estavam asseguradas.

Assim, nesse apartamento de "todos", de Pato, onde ele morreu, conviveram esses amigos, com seus filhos e mulheres, numa harmonia e integração invejáveis.

Seu Audi já não era mais uma máquina de arrasar, mas levou-nos por lugares maravilhosos da Espanha.

Naquele dia quente, Pato e Mercê nos levaram do aeroporto ao hotel. Pequeno descanso, passeio pela cidade, vista do alto para contemplar toda a cidade, onde se destaca a Catedral da Sagrada Família, obra majestosa de Gaudí. Jantamos num restaurante da Cidade Velha, simplesmente inesquecível. Comemos de tudo: pão com tomates, tapas diversas, arroz negro preparado com a tinta das lulas, peixes. Tudo regado com *cava*.

Em todos os dias de trabalho na Espanha se alternava trabalho, visitas a museus, passeios pelos parques e restaurantes maravilhosos. Deleitávamo-nos com a comida! Pato se deleitava com a comida e com o nosso deleite.

Terminado o trabalho, os amigos nos ofereceram, e a Donaldo Macedo — professor da Universidade de Massachusetts, estudioso de Paulo e grande amigo nosso —, também, três dias de descanso em Empúrias, lugarejo da Costa Brava cercado no alto por ruínas de antiga cidade grega e à beira-mar por uma cidade da Antiguidade romana. Talvez a única cidade do mundo que guarda "relíquias" dessas duas grandes civilizações da Antiguidade.

Tínhamos, eu e Paulo, alugado um carro para esses dias já pré-combinados de férias. Donaldo, que viera de Boston para o mesmo congresso em Barcelona, viajou conosco de Barcelona à peculiar e inusitada Empúrias.

Logo após nos alojarem com carinho e almoçar conosco, Pato e Lídia voltaram a Barcelona no Audi.

Resolvemos conhecer a região. Fomos a pé a La Escala, cidade que atrai turistas por servir, com requinte, a sua especialidade: aliche em conserva com pão. De carro, viajamos a Perpignon, na França, a Rosas e a Figueiras, na Espanha. Nesta pequena cidade, onde nasceu Salvador Dalí, visitamos um museu com grande número de obras desse famoso catalão, desde as mais lindas às mais extravagantes. Em algumas, lia-se a assinatura: "Salvador Gala Dalí". Certamente, demonstração explícita de sua enorme paixão pela esposa, Gala.

Donaldo provocou Paulo:

— Paulo, você já assinou algum texto seu como "Paulo Nita Freire"?

— Ainda não, Donaldo.

No terceiro dia, seguindo as sugestões de Pato, fomos a Cadaqués. Viagem linda mas assustadora, pelas curvas sinuosas e escarpas íngremes da estrada estreita. Eu ia ao volante, Donaldo no banco traseiro e, a meu lado, Paulo parecia um locutor de rádio:

— Gente! Dois carros destroçados lá embaixo, a uns cem ou duzentos metros um do outro. Deus, que despenhadeiro terrível!

Falava e falava, como se pudesse afugentar o perigo que nos cercava e amedrontava:

— Podes ver, Donaldo, destroços de carros e caminhões? Ai! Aquele devia estar carregado de animais: vejo esqueletos, de cavalos ou bois. Cuidado, Nita, não corras demais; deixa passar esses caras buzinando, dê passagem a eles.

— Como dar passagem? É somente uma pista para lá, outra para cá, sem acostamento... Paulo — disse eu nervosa —, pare já com essa locução alucinada!

Donaldo estava pálido, absolutamente impassível. Acho que essa viagem durou mais de uma hora. Tempo suficiente para nos afligirmos ao máximo...

Eis que surge o antigo vilarejo de pescadores! Pequeno, lindo, aconchegante, "descoberto" décadas antes por Dalí e Picasso. Acho que por Gaudí também. Reduto de descanso e de inspiração para esses incríveis artistas "espanhóis".

— Donaldo: galego danado, sotaque de português, nascido em Cabo Verde, norte-americano por empréstimo, brasileiro de alma, amigo de todas as horas — provocou Paulo. Silêncio total, assustador.

— Estavas apavorado, não é mesmo?

Ele confirmou seu "medo absolutamente legítimo". Fez um discurso longo, purgando o excesso de adrenalina produzido pelas visões assustadoras.

— Paulo, desacostumei das estradas espanholas. Nos Estados Unidos não existe isso: só autoestradas muito largas.

Vi um guarda de trânsito. Parei o carro:

— Senhor, por acaso existe outra estrada de volta?

— Não, senhora. Terão de voltar para Empúrias por este mesmo caminho.

Engolimos em seco e, logo após o almoço, pegamos o caminho de volta com mais medo e mais cuidado ainda.

À noite, a telefonista do hotel me chama. Reconheci a voz de Pato:

— Nita, vou encontrá-los amanhã aí em Empúrias.

— É muita amabilidade sua, mas não precisa. Sei o caminho até o aeroporto. Temos mapas, viajaremos tranquilos. Lá devolveremos o carro e seguiremos para a Suíça. Donaldo volta para Boston.

— Vou, sim! Eu, Lídia e Mercê. Ramón não poderá ir.

Às nove horas chegaram os três. Partimos quase em seguida.

Após uma hora de viagem, o Audi saiu da autoestrada que ia dar no aeroporto de Barcelona. Pato parou no acostamento e fez um sinal para que o seguíssemos. Obedeci. Sessenta quilômetros de estradas e estradinhas. De repente, entrou numa antiga chácara adaptada para ser um restaurante. Um restaurante absolutamente extraordinário. Nós seis nos olhávamos encantados. Nesse maravilhoso complô armado por Pato uniram-se as duas mulheres — Lídia e Mercê —, com seus sorrisos que se completavam pela serenidade com que nos disseram:

— Este é o presente de despedida de nós três para vocês três que partem!

Comida de deuses... vinho de reis!

July, 4th

O Brasil jogava contra os Estados Unidos na Copa do Mundo. Estávamos em Barcelona, na casa de nossos queridos amigos Ramón, Mercê, Pato e Lídia. A nós se juntara Donaldo Macedo, nascido na África, mas naturalizado norte-americano. Ele não ousava enfrentar nossa "torcida organizada" a favor do Brasil, nem a nossa conversa provocativa, apenas demonstrava dissabor e se inquietava quando o time de seu país de adoção não dominava a bola.

Era o dia 4 de julho de 1994, data da Independência dos Estados Unidos. Os "canarinhos" não deslanchavam... empurra-empurra... Leonardo deu uma cotovelada no atacante deles e foi expulso.

Eu mal podia ver o jogo, pois estava preocupadíssima com outro problema. Os amigos me diziam palavras de carinho, Paulo tentava me consolar:

— Aproveita agora esse jogo da Copa. Lembre-se de que me roubaram todo o meu primeiro salário quando estava no exílio, no Chile.

— Como foi que, apesar de toda a minha tecnologia brasileira à prova de furto, deixei que retirassem de dentro da minha bolsa os passaportes, os bilhetes aéreos, os vales dos hotéis! Por sorte não levaram o dinheiro!

— Acontece, Nitinha — me consolava Paulo com carinho.

Nada, nem mesmo o consolo dele e dos amigos, tirava a cena de minha cabeça. Na volta das compras daquela tarde, eu verificara o ocorrido. Ensimesmada, pensava nisso enquanto Paulo continuava contando o seu caso em Santiago:

— Os brasileiros exilados até organizaram uma coleta para que eu e minha família pudéssemos enfrentar aquele mês. Eu estava de paletó e sobretudo e me tiraram a carteira do bolso traseiro da calça. Eles têm mão de pelica. Não te preocupes, isso é coisa da vida!

No entanto, eu me perguntava como continuaríamos a viagem e dizia:

— E os vistos de entrada em Paris e Praga, exigidos dos brasileiros? E o seu encontro tão sonhado com Karel Kosik? E o trabalho seu na UNESCO/Paris?

Nossa vitória tão sofrida no campo de futebol não teve graça para mim. No dia seguinte, eu, Paulo, Donaldo e Pato fomos saber o resultado da busca no lixo que o grande magazine onde eu tinha sido furtada fazia todas as noites para encontrar as sobras das ações dos larápios.

— Não há nada em seu nome ou de seu marido — nos informou o chefe da segurança.

Paulo propôs irmos imediatamente ao consulado brasileiro. Ao chegarmos, o porteiro do prédio foi logo avisando:

— Todos os seus documentos acabaram de ser entregues no Consulado do Brasil.

Dei um grito de alegria. O bom humor voltou. O cônsul e o secretário e todos e todas que trabalhavam no consulado se alegraram com a visita do "mestre". Ficamos sabendo na ocasião que, em média, trezentos brasileiros eram roubados todos os meses em Barcelona. Fiquei um pouco mais consolada. Saímos para continuar a vida.

Eu, me lembrando do jogo da véspera, dei-me conta de que os "4 de Julho" não são apenas dos norte-americanos, mas podem ser de todos nós, brasileiros e brasileiras.

Meu querido futebol

Assistimos à final da Copa do Mundo de Futebol de 1994 em Vevey, na Suíça. Paulo estava ansioso. De manhã caminhamos pela cidade em que Chaplin viveu seus últimos dias, reconhecendo os lugares onde estariam os torcedores brasileiros e os italianos. Nas casas que exibiam bandeiras desfraldadas, havia quatro verde-amarelas para cada oito deles...

Paulo gostava muito de futebol, desde a infância. Ele o considerava um jogo amoroso: "Para o gol, é necessário o envolvimento dos 11 jogadores e dos outros 11 adversários, incentivados por uma plateia numerosa e popular. Futebol cria clima de festa, de alegria incontida — ou tristeza intrusa —, de cooperação, de dadivosidade, de ação harmônica infelizmente manchada por violências praticadas, algumas vezes, por jogadores e torcedores."

Quem esquece o gesto de comemoração do atacante Bebeto, embalando imaginariamente seu filho recém-nascido distante a quem dedicava o gol que acabara de fazer? Delicadeza de gesto, sensibilidade paterna integradas ao gosto pelo futebol.

Paulo sempre comentava comigo que, nos tempos de exílio, se opunha à ideia de que futebol fosse fonte de alienação para o povo e servia apenas de disfarce para as perversidades da ditadura militar. Discordava de que o "bom revolucionário" não deveria torcer durante a Copa de 1970, no México, pelo time do Brasil, porque assim reforçava um regime ligado à tortura e oposto aos anseios, direitos e interesses populares. Paulo reagia:

— Revolução que, a pretexto de servir ao povo, lhe tira o direito de gostar, de torcer, de se entusiasmar com o futebol, não é digna dele. Futebol é o "esporte das multidões", do povo que se alegra com ele e por ele luta, para torcer ou jogar. A contraditadura se faz no combate em várias frentes de luta e não sequestrando o direito de se ter o futebol. É direito, é gosto, tem a ver com a nossa cultura. Com o nosso ritmo ao andar, ao sambar ou dançar qualquer compasso: as fintas são a manha de nosso povo vivida nos corpos dos que jogam futebol. Veja como o povo delira de alegria com os dribles. São lindos, maravilhosos corpos em movimento "rodopiando"nos gramados.

Voltando ao dia do jogo decisivo, em Vevey. Preparei para o "intervalo da vitória" do jogo Brasil x Itália um suculento cachorro-quente pernambucano. Uma comida tão apreciada quanto popular, vendida perto dos estádios de futebol do Recife. Pão francês recheado de carne moída — refogada em alho, cebola, coentro, cebolinha e colorau —, com fatias cruas de tomate, cebola e pimentão verde. Difícil de abocanhar, sublime de saborear! Paulo comentou:

— Comemoraremos como eu fazia nos tempos gloriosos do meu Santa Cruz nos anos 1950 e 1960, em Recife, com esse verdadeiro cachorro-quente. Esse é o verdadeiro, não é, Nita?

No intervalo do jogo comíamos, mas bem preocupados. O jogo não nos parecia tão bom, havia um certo equilíbrio entre os dois times, que não nos dava certeza da vitória.

Começa o segundo tempo. Aos 45 minutos, o placar continuava num exasperante zero a zero. Paulo levantou-se, tenso e com raiva:

— Arrume as malas! Amanhã voltaremos ao Brasil.

— Mas o jogo não acabou!

O empate sem gols naquela quente tarde californiana parecia prenunciar um irremediável fracasso do Brasil. Ansiosos, com o calor suavizado pela noite suíça, sofríamos a milhares de quilômetros de distância do estádio, à beira do lago Léman.

— Não quero comer mais... Não quero mais ver isto. Quero voltar para o Brasil!

— Vai haver prorrogação do jogo, Paulo. Você ainda tem compromissos na Europa! Você não pode desistir de tudo por causa de um resultado triste para todos nós, brasileiros e brasileiras.

— Vou sair da sala. Não quero ver nem pela TV ninguém tripudiando de nós brasileiros.

Cobrança de pênaltis. Paulo parou de espiar a telinha.

Expectativa infinita. De repente, gritei:

— Ganhamos! O craque deles errou o chute! Inacreditável! Somos campeões!!!

Paulo voltou a olhar a telinha e sua feição tinha mudado radicalmente. Vimos e revimos as cobranças de pênaltis, os abraços e o choro dos jogadores, a homenagem a Ayrton Senna. A TV americana mostrou uma festa de explosão da alegria brasileira. Paulo parou de suar, seu olhar voltou a brilhar e sua cabeça voltou a pensar. Até então, ele era só emoção. Intensa, apaixonada, irrefletida.

— A raiva passou. Vou dormir em paz, vamos prosseguir a viagem. De qualquer jeito, mesmo com a derrota, teria de cumprir os meus compromissos. Mas agora meus ânimos de trabalhar redobraram. Estou muito feliz. Amo mesmo o futebol. Como amo o nosso futebol, a grande alegria do povo, não tenho dúvidas, e de todas as pessoas de bom gosto!!!!

Menos de um ano depois dessas doces aventuras, retornamos à Espanha. O mesmo grupo se reuniu. Trabalhamos todos em Valência, Castellón e Alicante. Paulo, Donaldo, Ramón e eu fizemos conferências. Mercê, Lídia e Pato divulgavam os livros da editora dele. Lília, mulher de Donaldo, nos acompanhava solidária a tudo e a todos.

Às noites, corríamos às *arrocerias*, sobretudo uma em Alicante, de onde também podíamos desfrutar a paisagem do porto com centenas de barcos brancos, de ricos ou de pescadores locais, completando o cenário típico do Mediterrâneo.

Paellas, arroz negro, arroz com camarão ou arroz com frango, o certo é que nenhum de nós deixava sobrar um grão sequer da enorme porção servida.

O dia da volta de Alicante a Barcelona, de onde seguiríamos a trabalho para outras cidades europeias, foi inesquecível. Estávamos no famoso carro de Pato. Paulo ia ao lado dele e, no banco traseiro, Donaldo com Lília e eu. No toca-fitas, alternavam-se no cantar e no declamar Juan Manuel Serrat, Rafael Alberti, Paco Ibáñez e... Pato.

Paulo repetia os versos cheios da tragicidade ibérica. As fitas com essas músicas se revezavam, bem como as paisagens do litoral: montanhas, baías, praias e casas brancas. O clima no interior daquele automóvel é impossível de descrever. Unia-nos uma aura transcendental só possível pela reunião de bons amigos, embalados pela sensibilidade desses extraordinários cantadores da Espanha.

À voz rouca de Alberti procurando, com sofreguidão, a identidade espanhola e o amor, se sucedia a de Serrat, instigadora e bela, cantando os versos de Antonio Machado:

Caminante, son tus huellas
el camino y nada más;
caminante, no hay camino
se hace camino al andar.
Al andar se hace camino,

y al volver la vista atrás
se ve la senda que nunca
se ha de volver a pisar.
Caminante no hay camino
sino estelas en la mar.

Ramón e Lídia nos encontraram para o almoço no meio da viagem. Escolhemos, ainda vivos, os mais diferentes frutos do mar que comeríamos. O local da escolha para o almoço era histórico, anos atrás ali se reuniram alguns rebeldes em complô contra o poder estabelecido do rei. A rua era tranquila e escondia toda a impetuosidade e o espírito contestador desse povo.

Em certo momento, Pato manifestou uma necessidade pragmática, concreta demais para o ambiente lírico-musical-revolucionário, coisa rara para seu modo de ser:

— Paulo, espero que sua próxima viagem seja para receber mais um título de doutor. Você nos deu sorte naquele inverno de 1988. Ganhamos na loteria após fotografá-lo e aplaudi-lo. Só que meu Audi não aguentará mais as viagens que virão com nós todos!

Não voltamos mais juntos, eu e Paulo, à Espanha. Preparávamo-nos para ir a Málaga, para mais um doutoramento *honoris causa* de Paulo, quando a morte o levou, inesperadamente.

Não sei como estará o Audi de Pato. Encontrei Ramón e Mercê na V CONFINTEA, a Conferência de Educação de Adultos que a cada doze anos a UNESCO promove em alguma cidade do mundo. Dessa vez estava acontecendo em Hamburgo, na Alemanha, quando foi prestada uma grande homenagem póstuma a Paulo, em julho de 1997.

Estive lá em dias terríveis para mim com outros incríveis amigos — Heinz-Peter Gehardt e sua então mulher Fátima —, solidários comigo na minha primeira viagem sem Paulo. Acompanharam-me durante os dez dias em que estive na Alemanha. Ela sendo brasileira e ele dominando bem a língua brasileira, tive com quem desabafar a dor da perda de Paulo, que me levava a quase um estado de desespero.

Não sei como estarão os museus, os restaurantes, as praias, as cidades, os cantantes e suas músicas. Sei que voltar à Espanha implicará um difícil e necessário reencontro com toda essa gente, e que repetir o verso tantas vezes cantado naquele carro — "estamos tocando el fondo... estamos seguindo el fondo" — não terá a mesma significação sem Paulo. Mas tenho certeza de que, para a vida continuar, seguiremos tocando o fundo de nossos corações com sinceras amizades. Com minha amizade por esses outros espanhóis que tanto amavam Paulo!

Galinha de cabidela

Estávamos em San Diego (EUA), onde então morava o meu filho Roberto, um excelente *chef de cuisine*. Paulo gostava muito dos papos dele, do seu jeito "aventureiro responsável", sempre mudando de trabalho e de cidade sem ficar desempregado, e adorava os pratos brasileiros que ele nos preparava. Estávamos numa animada conversa na casa dele quando meu marido interrompe o assunto:

— Roberto, vamos sair por aqui procurando...

— Procurando? Procurando o quê? — perguntou Roberto.

— ... galinha viva para você nos preparar uma galinha de cabidela!

— Pelo amor de Deus, Paulo, nem pense nisso. Se souberem que vamos matar galinha em casa pode até dar cadeia para nós três.

— Será mesmo? Vamos pegar o carro e fazer uma pesquisa pelo bairro. Quem sabe, a mercearia de algum mexicano venda galinha viva! — insistiu Paulo.

Roberto, que já conhecia bem a cultura ianque, alertou-o:

— Paulo, pense numa notícia de jornal, mais ou menos assim: "Paulo Freire, famoso educador brasileiro, sua mulher e seu enteado foram presos por praticar rituais satânicos, sacrificando animais... cortando seus pescoços e bebendo o sangue em grandes goles... saciando instintos de verdadeira perversidade, próprio de rituais afro-brasileiros!"

— Roberto, se matarmos — aliás, você é quem usará a faca — dentro do apartamento, ninguém saberá do acontecido e comeremos uma maravilhosa galinha de cabidela que só você sabe fazer!

Meu filho, de olhos arregalados e querendo livrar-se de prática tão comprometedora, tentou um último argumento:

— Paulo, o que faremos com as penas? Jogar no lixo? Elas serão a prova do crime, elas nos denunciarão. O risco é grande demais!

Eu assistia ao debate entusiasmado sem nada falar. Vi Paulo sentar-se derrotado por evidências que sua gula não lhe permitia entender. Jantou pouco e foi dormir inconformado:

— Essa gente não sabe o que está perdendo. Ai! Como podem proibir fazer uma simples galinha de cabidela!!!

Chiquê

Estávamos a caminho da Europa, a bordo da requintada primeira classe da então mais sofisticada companhia aérea brasileira, a Varig. Champanhe antes da decolagem. Entrega de bolsinhas com artigos de higiene, inclusive alguns vidrinhos de perfumes franceses. Após calçar os chinelos, líamos revistas e jornais com as amplas poltronas reclinadas. Relaxamos o que foi possível. Na hora da decolagem, demo-nos as mãos, como era nosso costume.

Voo alçado, lá em cima, tudo em paz. Começaram a servir os drinques e tira-gostos — aliás um termo popular demais, em desacordo com aquele ambiente, repleto de joias da culinária francesa. Na verdade serviam salmão defumado, fatias de *foie gras*, patinhas de caranguejo gigante e caviar. Seguiu-se um lauto jantar, servido em mesa individual, com toalha branca engomada, louça Noritake, talheres de prata, copos de cristal. Tudo, tudo mesmo, até o vasinho com uma rosa vermelha, no rigor de um banquete.

Ao final, café, licores e chocolates belgas. Depois desse ritual, Paulo, que não valorizava esse chiquê, chama a comissária:

— Por que vocês não servem, no lugar de uísque e conhaques, a genuína cachaça brasileira? Daquelas amarelinhas, vindas da Chapada Diamantina? Diga isso ao gerente de bebidas de sua companhia!

A moça sorri, também amarelo e, esquivando-se de tal recado, responde:

— Vou buscar nossa "Carta de Sugestões". O senhor escreverá diretamente a quem cabe resolver isso.

Paulo escreveu, mas, infelizmente, a resposta jamais chegou.

A Constituição permite!

Paulo tantas vezes me contou essa história na sala de nossa casa, não sem ironia. Certa vez, depois do corre-corre de deixar o hotel, percorrer *freeways* congestionados de Los Angeles e as longas filas de *check-in*, Paulo verificou que teria tempo para almoçar no aeroporto e livrar-se da "comida de avião", que raramente o atraía. Sentou-se à mesa numa das lanchonetes e fez seu pedido à garçonete:

— Dois ovos fritos com duas torradas quentes, por favor.

— Já encerramos o horário do *breakfast*. São três horas da tarde e agora só servimos *snacks* — informou amavelmente a mocinha, com seu traje preto e branco.

— Pergunte, por favor, ao seu gerente se a Constituição de seu país proíbe servir meu pedido fora do horário habitual.

A adolescente foi ao escritório do chefe. Depois de alguns minutos, voltou sorridente com a resposta:

— Consultamos nossa Constituição e não encontramos a proibição de se comer, à tarde, ovos fritos e pão. Por favor, espere que vou providenciar seu pedido conforme orientação de meu gerente. O cozinheiro não poderá opor-se a atendê-lo.

Pouco depois, vitorioso com a argumentação legal-constitucional, Paulo saboreava uma de suas comidas prediletas, sob o olhar benevolente e risonho da garçonete, certamente uma universitária, que fazia esse tipo de trabalho nas horas vagas. Estava alegre por ter agradado ao estranho cliente e continuado cidadã fiel a seu país. Enquanto isso, atendia às outras mesas com pratos "permitidos" para aquela hora: refrigerantes, hambúrgueres e batatas fritas com *ketchup*.

O lado escuro da Cidade Luz

O hotel em que costumávamos nos hospedar em Paris era apertadíssimo e modesto. Mas ficava perto da sede da Unesco, para a qual Paulo prestava serviço, e ademais sua dona era muito solícita. Por anos seguidos estivemos lá. Me esbaldava na Cidade Luz vendo e revendo museus e exposições de arte. As noites eram nossas: juntos, muito juntos, frequentávamos a Paris noturna, desde os Champs-Elysées a algumas casas noturnas.

Tudo lindo! Era um sonho passar alguns dias nessa cidade que faz tanto bem aos olhos e à alma. Mas, como sempre, havia o problema de Paulo com a comida. Ele nunca fez as pazes com a culinária francesa. Numa noite, me pediu para comer uma *paella*. Localizei pelo guia para turistas um restaurante próximo, telefonei e pedi informações sobre o itinerário.

— Vamos, Paulo, tudo está acertado. Fiz a reserva para nós dois. Sei como chegar lá.

Descemos na estação do metrô Nation. Estava totalmente vazia às 20 horas. Subimos uma escadaria. Ofegantes, vimos diante de nós uma enorme praça mal-iluminada. Fomos abordados por três rapazes:

— Queremos dinheiro!

Eram *skinheads*, com jaquetas de couro preto com uma fileira de cabelos em pé que dividia suas cabeças peladas, da frente até a nuca. Os anéis nos dedos, os *piercings* na orelha e nariz acentuavam suas caras de maus. Meu marido não se intimidou. Num inusitado arroubo, disparou em francês:

— Saiam da frente de minha mulher!

Supliquei repetidas vezes:

— Pelo amor de Deus, dê dinheiro a eles!

— Saiam da frente da minha mulher!

Incrivelmente, o inesperado aconteceu, os rapazes se afastaram e nos deixaram em paz, sãos e salvos.

Ponderei com Paulo que seria temerário continuarmos naquele lugar ermo andando a pé. Propus tomarmos um táxi de volta para o hotel, pois vislumbrava um pouco adiante, não muito longe, um ponto de carros de aluguel.

— Vamos tomar um táxi e achar o tal restaurante, isso, sim!

Andamos até o ponto e tomamos um táxi. Cinco minutos depois, o carro parou numa rua imunda, em frente a um local de péssima aparência. O motorista informou:

— É aqui, esse é o restaurante!

— Ai, Paulo, que lugar tétrico! Não desço aqui, não! Vamos procurar um local melhor! — exclamei com ênfase.

Nunca entendi por que ele teimou em entrar num local tão sórdido, nem por que aceitei acompanhá-lo. À porta, a espanhola dona Carmen, enorme de gorda, discutia sem compostura com o filho. Sentado numa banqueta de uma das quatro mesas do restaurante, ele estava acompanhado de outro rapaz, ambos de camiseta regata. O bate-boca invadia todo o ambiente.

Uma geladeira, um freezer e um fogão compunham, com as poucas mesas e cadeiras, misturados entre os corpos tatuados do casal masculino, o de um ancião calado e a dona do negócio, um pequeno cenário nada acolhedor. Pedi a Paulo:

— Vamos embora!

— O que querem comer? — perguntou dona Carmen.

— *Paella* para dois — respondeu Paulo.

— Para um! Me tira dessa, Paulo — disse eu.

A mulher abriu o freezer, expulsou aos gritos o filho e o companheiro dele, que brigavam sem parar, e começou a tirar camarões, peixe, mexilhões... tudo congelado.

Depois de uma hora, ela depositou a *paella* sobre a mesa.

Paulo, meio encabulado, me convidou a partilhar "daquela maravilha". Eu, que estava com raiva, mas também com muita fome, resolvi comer.

— Está ótima, não está? Confesse...

— Está péssima!

Não era verdade: não é que a *paella* até que era boa?

Terminado o jantar, conta paga, Paulo falou cortesmente à dona do "restaurante":

— A senhora poderia chamar um táxi?

— Aí na rua há muitos! — respondeu ela com rispidez.

Antes de sair, senti que precisava ir ao banheiro. Paulo achou estranho eu querer ir ao toalete em local tão sujo, mas eu insisti, pois não daria tempo de chegar ao hotel.

A mulher apontou uma "casinha" nos fundos do quintal cimentado, onde se amontoavam móveis velhos, garrafas e tábuas. Abri a porta do cômodo e, ainda ouvindo o rangido, constatei o óbvio:

— Paulo, não tem bacia sanitária nem luz!

Segurando a porta entreaberta, ele ajudou a minorar meu sofrimento e humilhação cujos detalhes, obviamente, não são necessários descrever.

Saímos do restaurante para a rua, entramos numa avenida. Não havia vivalma, nem táxi, por aquelas bandas, que depois nos confirmaram ser uma zona decadente. Recriminava-o com um mau humor terrível. Reclamava de tudo: desfazia-se naquela noite a Paris linda e fantástica. Foi quando ele me disse:

— Adquiriste hábitos burgueses, não é?

— Eu, burguesa? Isso não! Apenas uma pessoa de bom gosto!

— Não distorças!

— O senhor poderia dizer a diferença entre burguês e pessoa de bom gosto?

— Não sei. Aliás, nem sei por que estamos brigando...

— Não sabe? Porque desperdiçamos uma noite num lugar horrível e perigoso em pleno verão parisiense!

— Você come comida ou lugar bonito?

— Gosto de comida boa. Se estou em Paris, comida france-sa; se estou em Bolonha, bolonhesa. Mas sempre e em todo lugar em ambiente aprazível e limpo. Lugar bonito e comida boa não são incompatíveis, antes, se completam. Dou preferência a locais debaixo de trepadeiras floridas, com gente interessante em volta, bem servida, comida fran-ce-sa de primeira. De preferência à margem do rio Sena!!! — disse eu, na verdade querendo provocar o meu marido

— Ah! Adquiriste...

— Não adquiri nada aqui... ao contrário, perdi. Perdi momentos que poderiam ter sido ma-ra-vi-lho-sos!!!

Nenhum táxi apareceu. Caminhamos de volta até a estação Nation. Ressabiado, ele perguntou:

— Teremos de voltar de metrô?

— Por que não? Vou de metrô a todos os lugares de Paris quando passeio sozinha durante o dia.

— Prefiro andar de carro!

Vinguei-me:

— Ah! Confesse, Paulo: você adquiriu hábitos burgueses...

Burocratização mental

Mansa e pausadamente, Paulo lia parágrafo por parágrafo de seu *speech*, comentando-os, aprofundando-os e se entusiasmando com o que dizia. De repente, de um canto do enorme palco, levanta-se uma mulher jovem, bonita e bem-vestida que dirigia os trabalhos. Na verdade, cronometrava com "mão de ferro" o tempo de cada conferencista e convocava o seguinte. Protagonizando um verdadeiro rito de transição, protocolar, ela entregava a quem saía uma caixa bem embrulhada com laço de fita azul e amarelo contendo uma lembrança do evento. Tratava-se de um encontro internacional, na Suécia, planejado com um ano de antecedência.

Ampliada no imenso telão, a figura de Paulo exibia uma beleza exuberante, própria dele nos momentos em que discursava. A jovem anfitriã já estava a postos, segurando uma caixa — a de maior tamanho, pois ele era o *keynote speaker* do encontro. Dirigiu-se para o meio do palco, onde, feliz, Paulo falava sentado, virando as páginas de sua fala postas num pequeno *bureau* à sua frente. Ela caminhou toda aprumada e elegante até encostar-se no *bureau*, de costas para o público e de frente para o conferencista. Fez-lhe algum sinal. Paulo olhou-a. Da plateia, percebi que ele nem desconfiou do que se tratava. Prosseguiu seu discurso como se nada estivesse ocorrendo.

A moça aproximou-se mais um pouco dele. Ele a olhou. Continuou empolgado, embora mais contidamente. A figura ficou maior no telão. Eu via os dois em dimensões que só as tecnologias podem oferecer. Paulo olhou-a mais uma vez. Enfim, ele se "ligou" e então perguntou mansamente à jovem loura do Primeiro Mundo:

— Esse pacotinho que você quer me dar é o sinal de que meu tempo acabou e devo calar-me?

Lacônica e eficiente, ela respondeu:

— *Yes!*

Paulo reagiu. A loura permaneceu ereta, impassível. Enquanto ele falava, mirava, ora ela, ora o público. Tinham-no contratado para falar por 45 minutos. Ele usara uns 35 minutos, mas pelo cronograma sua hora havia acabado. Tínhamos nos atrasado perdidos nos corredores do enorme centro de convenções, no caminho entre o nosso quarto e o auditório.

Estimulado pela intromissão da moça, Paulo dobrou seu tempo de fala. Interrompeu suas reflexões sobre "Cidades Educativas" e começou a discorrer, entre irado e crítico, sobre a burocratização das mentes:

— Como é que vocês compram passagens de primeira classe para mim e para Nita, nos hospedam em hotel cinco estrelas, pagam honorários e refeições e não me deixam falar? Vocês fazem do tempo não um meio, como deveria ser, mas o fim de todas as coisas! Será que é isso? De novo me deparo com uma situação em que nós do Brasil temos muito a ensinar para vocês do Primeiro Mundo. Reificando o tempo, servindo a ele, terminam por burocratizar as mentes! Mentes burocratizadas não pensam e não sentem!

Paulo soltou-se a falar e roubou o tempo do intervalo e parte da fala do representante da Volvo — fábrica de automóveis que tinha patrocinado o evento, muito certamente a que pagou todas as nossas contas — que se seguiu à dele. Os aplausos quando Paulo se retirou, carregando a caixa afinal entregue, e os comentários, nos dois dias seguintes, testemunhavam que o "pequeno" recado de Paulo dera o que falar e, sobretudo, o que pensar.

A final de beisebol

Manhã de domingo clara, de um calor agradável, chegávamos a Los Angeles. À nossa espera, um casal de amigos professores. O marido, o coreano Peter, saudou-nos com simpatia e respeito:

— Sei há quanto tempo estão viajando, querem descansar antes do almoço? Estou meio sem jeito, mas hoje é dia da final do campeonato de beisebol. Minha mulher, Kathleen, torce por um dos finalistas.

— Sem problemas! Almoçaremos mais cedo e, se Nita quiser, iremos os quatro ao jogo.

Descansamos um pouco. A seguir, enfrentamos os *freeways* de Los Angeles e chegamos a um restaurante coreano. Ótima comida, fogareiro na mesa, carne, legumes e bebida típica. Tudo na paz oriental. Comemos calmamente, pagamos a conta, fomos ao toalete e nos preparamos para a aventura esportiva. E que aventura!

Ela estacionou o carro em meio a um mar de tantos outros. O jogo já havia começado. Ela tirou da bolsa os quatro ingressos que comprara com antecedência e caminhamos até o estádio. Não estava lotado e ninguém torcia, pelo menos como se torce no Brasil. Sentamo-nos em lugares estratégicos e Paulo me transmitia seus parcos conhecimentos de beisebol, recém-obtidos junto a Peter. Perguntei:

— Paulo, o que está acontecendo no campo?

— Simplesmente não entendo a lógica do jogo. Não entendo quase nada das explicações de Peter! É-me difícil te transmitir o que ocorre no campo...

E assim estávamos lá, confusos. Ao lado, o casal assistia ao jogo sem demonstrar muita emoção. Observei o ambiente: estava em curso o maior "senta-levanta" que já vira em minha vida. Torcedores saíam para comprar *hot-dogs* para a família, mulheres buscavam enormes sacos de pipocas, aliás bem "estouradas" e deliciosas...

De repente o locutor do jogo anunciou que o jogo seria interrompido, para acalmar os ânimos dos que o assistiam.

— Acalmar o quê, Paulo?

— Continuo sem entender.

Não acreditava no que via e ouvia. Todo mundo de pé e mãos dadas, uma música melosa marcando o ritmo. As pessoas acompanhavam, movimentando o corpo um pouco para a direita, um pouco para a esquerda. Isso durou uns cinco minutos. Comentei baixinho com meu marido:

— Imagine esse intervalo numa decisão de Fla-Flu ou Corinthians-Palmeiras!

Ele riu só de pensar nos xingamentos das torcidas se essa hipótese se concretizasse. Ficamos vendo o jogo por mais de duas horas. Saímos antes do final.

Nossa amiga Kathleen aceitou o fato com certa tristeza:

— Está ótimo, já vi o suficiente.

"Valha-me Deus! Se fosse meu time preferido, eu ia querer ver o jogo inteirinho", pensei.

Aconteceu o azar dos azares, não encontramos o carro em meio àquele imenso estacionamento lotado. Inútil continuar procurando-o. Consenso geral: esperar todo mundo sair. A noite esfriava o agradável dia californiano.

Ela pedia desculpas. Veio o sono e, pior, a fome. O tempo passava e o frio foi ficando desagradável. Enfim, o pátio estava quase vazio quando descobrimos o carrinho verde de Kathleen. Ainda havia jogo. Comentei com Paulo:

— Apesar de não entender nada do jogo, hoje aprendi uma grande lição. Cidade construída para o isolamento, cada habitante com seu carro, núcleos afastados uns dos outros, *freeways* infernais resultam nisso: todo mundo vem ao estádio para se ver. Deve ser a "praia" deles. O jogo não importa muito. O fundamental é saber que o vizinho existe, mesmo que se tenha de ir a seu encontro em estádios gigantescos.

— É isso mesmo. Vimos hoje o que o individualismo é capaz de fazer com gente sedenta da verdadeira comunicação e de contato amoroso de pessoa a pessoa!

Cheiro pega?

Pouco tempo depois de casada com Paulo, saí apressada de um provador de roupa de uma loja em São Paulo. Ele me perguntou o que havia acontecido.

— Cheiro de axila no ar! Na roupa que eu provava!

— E o que tem isso para você não querer provar outro vestido?

— Isso pega, Paulo! Eu pego mau cheiro com a maior facilidade! Emanou aquela onda, tive medo e saí correndo. Está no ar a catinga!

— Não diga isso! Que reação absurda!

A partir de então, me repetia rindo:

— Não fica bem você dizer que cheiro pega!

Eu não cedia:

— Fedor vem pelas bactérias voadoras: pega, sim!

Anos depois, num táxi em Paris, alto verão, noite úmida de chuva, nós dois sentados no banco traseiro, até porque nenhum motorista parisiense permite alguém sentar-se ao seu lado, de vez em quando eu abria a janela do carro para respirar. Íamos do Quartier Latin ao hotel, na avenida Garibaldi.

Precisava aliviar-me do cheiro horrível que provinha não só das axilas, mas do corpo todo do motorista. "Nunca senti coisa igual", comentávamos baixinho em português, com cuidado para que o portador de tais aromas, também ele estrangeiro na França, não nos entendesse.

Ao chegarmos ao hotel, Paulo correu para tomar um banho. Poucos minutos depois ele me chamava insistentemente:

— Nita! Nita! Nita! Venha rápido!

— O que foi? Você me deixou preocupada!

— Não é que cheiro pega mesmo?! Desfaça-se desse paletó e da camisa, não tente aproveitar, por favor! Nem lavando sai essa inhaca danada...

Tomou um banho demorado, ensaboando-se várias vezes. Depois de secar-se, cheirava-se continuamente, preocupado em conferir se aquele aroma indesejado se fixara ou não em seu corpo.

Com maldade, perguntei:

— Então, cheiro pega?

— Pega!!!

Ele teve de render-se à evidência. Depois desse episódio, todas as vezes que alguém contava alguma história que a nós parecia insustentável, nos perguntávamos e nos respondíamos, rindo:

— Cheiro pega?

— Pega!

Nossa última viagem

Nossa última viagem foi aos Estados Unidos, em abril de 1997. Fomos acertar o contrato de trabalho de Paulo na Universidade de Harvard. Antes, passamos uns dias em Nova York.

Essa viagem está profundamente marcada pela presença de meus filhos Roberto e Eduardo, sua mulher, Elsie, e o filho deles, André, então com dez anos. Roberto nos hospedou e se preocupava com Paulo, sobretudo no aspecto de sua especialidade, a comida. Preparava-nos quase todas as noites algum prato brasileiro.

Dudu sempre agasalhando Paulo com seu cachecol ao menor sinal de frio na cidade. Cercava-o de gentilezas, segurando-o ao atravessar as ruas, trazendo-lhe vinhos espanhóis e franceses e jornais brasileiros. Elsie providenciava um gostoso feijão nos dias que comíamos com eles e se preocupava com nosso descanso e conforto.

André elegera, cinco anos antes, meu marido como o sujeito de sua predileção. Numa manhã fria em sua cidade natal, afagando a barba dele, disse-lhe:

— Sei que você não é meu avô, que se casou com minha avó Nita depois que meu avô Raul morreu. Mas, Paulo, amo você! Queria que você fosse meu avô. Gosto da sua risada e de mexer na sua barba branca!

Paulo gostava dos afagos e falas carinhosas do seu neto adotivo. Dessa vez, apesar do frio inusitado, o menino nos convidava a todo momento para um passeio, ora a uma loja de brinquedos, ora a um restaurante chinês ou japonês. Com voz mansa, que tanto enlevava Paulo, perguntava sobre sua priminha Marina — filha de Ricardo e Márcia — que vivia em Campinas e, apesar da distância, estava sempre presente em nossas conversas. Ela também, quando tinha cinco anos, a seu modo declarou amor a "seu avô" ao contar um sonho que tivera na noite anterior:

— Eu estava navegando pelo arco-íris sobre o mar de Piedade, com minha avó Nita. Íamos abraçadinhas a tantos lugares bonitos...

— E eu, não ia?!

— Olha, Paulo, você não estava no arco-íris de meu sonho, não. Mas, se quiser, pode vir conosco! Vou ficar feliz se você vier!

Depois dessa intensa convivência familiar em Nova York, seguimos para Boston e Cambridge. Novos momentos de trabalho e aconchego com Jim Fraser e sua mulher e também com Donaldo, Lília e o filho deles, Alejandro.

O cabo-verdiano fora escolhido por Paulo como seu assistente no curso que daria em Harvard. Havia tempos, através de faxes e longas conversas ao telefone, já haviam programado o curso. O livro recentemente escrito, muito em função do curso que iria dar em Harvard — *Pedagogia da autonomia* —, estava sendo traduzido para a língua inglesa. Os detalhes finais se completaram em dois dias de trabalho em Nova York, antes da nossa ida a Massachusetts.

Quanto a mim, estava animadíssima, pois faria um curso de aperfeiçoamento em inglês, poderia ver os meus entes queridos, conheceria o Canadá, estudaria, leria e me completaria com Paulo. Ele já antevia:

— Poderemos rever gentes e coisas. Lembra-se quando, em abril de 1988, fomos a Nova York juntos, pela primeira vez? Pela primeira vez na minha vida fui a um show da Broadway e a um espetáculo de balé moderno! Iremos a outros, de sua escolha...

Tudo eram sonhos, projetos de trabalho e lazer. Meu marido vibrava de alegria só em pensar que voltaria a ser professor em Harvard, viveria em Cambridge por alguns meses e simplesmente se deixaria estar em Harvard Square, onde nos anos 1970, quando lá morou, gostava de ir para ver as meninas de saia à Mary Quant...

Voltamos por Nova York. Lá, ele insistiu em presentear-me com um frasco de Chanel nº 5, perfume que eu desejava muito, mas sempre relutara em aceitar, apesar de suas insistências. Naquela tarde de compras, paciente, ele permaneceu sentado numa poltrona da loja de roupas e não mais entre o provador e a vendedora, como fizera nove anos antes. Sentia-se cansado, mas manifestava suas preferências:

— Esse conjunto, sim! Foi feito para você. Compre-o! Aquele outro, não gostei, não lhe caiu bem!

Quando fomos pagar, a moça do caixa não se conteve:

— Que coisa bonita ver o senhor, enternecido, ajudar sua mulher a escolher essa roupa. É raro ver um marido assim!

Disso eu tenho certeza!

O encontro de Paulo com Darcy Ribeiro

Na sala de nosso pequeno apartamento em Piedade, de frente para o mar, em Jaboatão dos Guararapes, assistimos pela televisão a uma belíssima entrevista do nosso querido amigo Darcy Ribeiro. A última entrevista dele. Sabíamos que ele estava à beira da morte, depois de driblá-la por décadas. Fato tão concreto quanto temido, mas que inexoravelmente chega a cada um de nós. Assim, o ouvíamos atentos.

Sua figura humana ímpar, sua imensa capacidade de amar gente, sua beleza mesmo diante da morte iminente, faziam-no mais vivo do que nunca. O entrevistador, Roberto d'Ávila, sabia disso: deu-lhe sabiamente tempo para que mostrasse sua grandeza d'alma.

Na parte final da entrevista, Darcy falava da morte da mãe, que partira calma, cheia de fé e que cerrara seus olhos certa do encontro com o Senhor. Ele falava com inveja sadia sobre aquele momento de fé profunda da sua mãe, daquela que acreditava na vida eterna. Com olhos brilhantes, Darcy disse: "Meu corpo se transformará em pó entre outros e girará eternamente no cosmos. Se existisse um decreto para nos dar fé, eu pediria um para mim. Mas esse decreto não existe... Gostaria de ter sido um homem de fé, mas não o fui, não o estou sendo."

Presenciávamos aquele homem, tão nosso conhecido e amado, que teve muita fé, sim. Fé nos homens, nas mulheres e no Brasil.

Naquele momento, Paulo fez um comentário:

— Quando no céu me encontrar com o Darcy, ele vai me contar o susto danado que levou! E, com humildade, coisa rara nele aqui na Terra, admitirá para mim: "Você, Paulinho? Meu Deus!!! Veja: Deus existe; céu existe; estamos nele, Paulinho! Amamos e trabalhamos tanto à imagem e semelhança d'Ele... Existe vida eterna! Louvado seja Deus! Não virei pó, poluindo o cosmos! Estou aqui, com você, com o Deus de minha mãe, de sua mãe, de todos nós!"

Paulo pensou, ficou em silêncio e completou:

— Já eu, não. Sei que encontrarei Darcy, como as mulheres e os homens que já se foram e que aqui conheci e amei. Rirei, riremos novamente juntos. Pensaremos juntos sobre o Brasil, sobre vocês que ainda estiverem por aqui. Não tomarei susto algum, porque acredito na vida eterna!

Esse encontro se deu, tenho certeza, depois que Paulo me deu seu derradeiro abraço e em seguida se foi. Na madrugada do dia 2 de maio de 1997, exatamente às cinco e meia da manhã.

PARTE VI

Cartas de dor
e saudades

*(Três cartas de Nita para Paulo depois
de sua partida)*

3 de julho de 1997, durante o voo
São Paulo-Frankfurt, às 22:30.

Paulo,

Não sei se você me vê ou me ouve. Eu não posso sentir, ver e ouvir você. Saudade imensa... imensa! Saí de nossa casa, chorei, tenho a sensação de que lhe deixei lá...

Espero na pista o avião decolar. Estou indo para Frankfurt, sozinha, ou melhor, cheia de saudade. Como é difícil viajar sem você... Me encontrarei com você lá? Com as saudades, com a vontade de tê-lo, sim. O que vou buscar? Reencontro? A homenagem que a CONFITEA vai lhe prestar? Não sei! Desde a Grécia de Sócrates estamos juntos, lembra-se desses seus devaneios? De seus lindos e incontroláveis sonhos de amor, lembra-se?

O avião decolou... Chorei, não tinha a sua mão, Paulo, para agarrarmo-nos como sempre acontecia nas decolagens e pousos de avião. Penso agora que os apertos de mão das centenas de vezes que decolamos significavam que queríamos segurar o avião... Não caia, não caia... Queríamos viver mais e mais, juntos! Oh, que saudade, Paulo. Dói estar sem você. Quantas vezes nos escrevemos nos cardápios de avião. Hoje eu lhe escrevo num deles, triste, vazia de alma... Cheia de dor no coração. Dois vizinhos de poltrona, eu estou na 9F, na 9E um jovem brasileiro, na 9G um senhor alemão. Pensei: "Preciso de uma mão, mas não posso pedir... ninguém saberia entender o meu gesto... o vazio aumentaria..." E ninguém mesmo sabe tocar como você! Sempre dizia lhe pedindo que me tocasse com sua mãozinha, lembra-se? Estou com fome e com sono. Não sei o que eu vou fazer. Preciso dormir para aliviar a minha dor de estar sem você, meu companheiro, meu amor, meu marido, meu amante...

Sinto saudades de seu toque, da sua voz, da sua magia em me conquistar. Da sua sabedoria em conduzir o nosso amor para o caminho no qual ele crescia a cada dia...

Tenho saudades de você, como um menino chegando na Berrini... Eu falava ao telefone, o via através da vidraça, seu motorista tinha se perdido e algumas horas depois você chegou ávido por abraçar-me, por beijar-me.

Que saudades! Lembra-se daquela manhã fria em que o acordei para você ir a Brasília? Lembra-se? Você me disse: "Eu te quero." Que força na sua mansidão. Você me falou com ternura coisas de amor. Que bonito, que força de vida você me deu naquela manhã. Pulei, rebolei, virei cambalhota na cama e gritei: "sei que vou amar e ser amada outra vez." Mas, Paulo, jamais imaginei que com tanta paixão, que tanto amor por mim coubesse em seu corpo franzino e quieto.

Saudades de seus olhos de olhar penetrante, profundo... É melhor não descrevê-los, mas fechar os meus próprios olhos e imaginar você me olhando! Seu olhar, Paulo, sua mirada como dizia, era forte e terna ao mesmo tempo. "Vejo" você com sua barba branca, depois seu cabelo esvoaçante (deixei uma mecha dele guardada, bem guardada, lá na rua Valença). Sua mão, seu corpo quente, aconchegante, aberto, meu, sempre meu, sempre alegre... raramente triste. Não vou dizer o que o fazia triste... não devo falar de sua ferida narcísica! Continuo amando-o, Paulo, com força, com paixão, com querer bem, com cuidado...

Queria tanto que você estivesse aqui... Que você tivesse vivido mais alguns anos... Para vermos a passagem do milênio, que você idilicamente, magicamente, queria presenciar. Se eu ainda estiver por aqui, venha e me dê sua mão...Venha e me dê a sua mão, veremos juntos a virada do milênio. Ouço Elis Regina, que também já se foi, você a viu por aí? Viu o Darcy Ribeiro? Fez susto nele como pensava em fazer? Conversou com ele sobre Deus? E Raul? Papai? Mamãe? Paulo, meu irmão?

Amor, Paulo, amor é o que eu sinto por você. Vem, Paulo, vem me beijar. Sinto falta. Enorme falta. Estou desamparada, mas nem poderia dizer isso. Meus filhos estão sempre comigo, solidariamente fortes ao meu lado, comigo! Heliana ficou dois meses dormindo no colchão do chão do nosso quarto, me cuidando. Ricardo veio hoje de Campinas depois de um dia exaustivo de trabalho para me ver, para me levar com Heli ao aeroporto. Dudu me mandará, quando eu voltar desta viagem, o André de presente para ficar me ajudando com Marina a sarar um pouco a ferida que sua morte me abriu. E que sangra. Sangra muito. Roberto triste por mim, sensível, lutando por seu sonho que você tanto acreditava que ele conseguiria. Eles vão levar a vida em frente, cada um à sua maneira. E eu, o que vou fazer nessa vida nova, sem você? Isso é o novo que dói, dói muito. Um novo muito triste. Que vou fazer? Paulo, que vou fazer? Que vou fazer sem você? Nem aulas mais tenho para dar? Nem sei onde vou morar!!!

Que vou fazer além de amá-lo, de amá-lo, de amá-lo com profunda saudade!

Sua Nita

Alemanha, 5 de julho de 1997

Paulo,

Não pude comprar nada, não só por causa do pouco dinheiro, mas sobretudo porque não teria para quem mostrar as coisas novas.

Você, só você, entendeu isso em mim. Faz-me falta. Mesmo quando não comprava as coisas que queria, tinha mais que a sensação, tinha a certeza que me diria: "Por que não comprou, Nita? Você gostou e você está precisando, por que não comprou, Nita?" Ainda bem que aceitei o Chanel nº 5, o terei sempre comigo... Valeu o presente do nono aniversário do nosso casamento. Na verdade estamos juntos desde junho de 1987. Foram dez anos juntos!

Perdi você... perdi meu marido, meu amante, meu amigo, meu orientador, meu tudo. Tudo você, Paulo, foi para mim. É pena que para isso, para o que vivemos profunda e plenamente, você sofreu tanto. Nem todos sepultaram Elza, como você a sepultou e eu sepultei Raul. Lamento o que sofremos por nos amarmos tanto! Que paradoxo! Poderíamos ter tido uma felicidade sem arestas, a que merecíamos e pela qual tanto lutamos. Mas valeu, valeu somente por você ter sido meu por apenas dez anos! Por tão pouco tempo: por apenas dez anos!!!! Mas valeu... valeu.... valeu...

Oldemburgo, 9 de julho de 1997

Paulo,

Quantas saudades! Vou, estou saindo do hotel com a sensação que estou lhe deixando... mas isso é impossível. Onde eu estiver você estará junto a mim... Dentro de mim. Quero você, Paulo. Me proteja, meu amor. O que farei em Loccum ? Não sei! Sei apenas que terei de enfrentar uma situação difícil, que você na sua generosidade não previu que iria acontecer...!

Talvez chorar mais por você, por mim, por não ter mais você. Você é um pedaço de mim que se foi... Para sempre. Como é viver sem você para sempre? Não sei! Comecei a saber e estou sofrendo! Só lutando? Só relembrando sua paixão incontrolável, incomensurável por mim? Que sinto falta de seu corpo, de sua "mãozinha", de seu olhar, de sua ternura, de sua compreensão infinita com as fraquezas dos outros e outras e das minhas também. O amo. Vou sair. Bárbara, minha sobrinha, chegou para me buscar.

PARTE VII

Ainda algumas coisas a dizer

(Últimos recados aos nossos leitores e leitoras)

Posfácio[13]

MARIO SERGIO CORTELLA

Nita e Paulo... Dez anos de convívio intenso, de cumplicidades gostosas, de amorosidade funda.

Uma década de reinvenção afetiva, de trabalho compartilhado, de existência fruída em abundância.

Paulo e Nita... Duas histórias que se entrecruzaram quase meio século antes do tempo no qual passaram a tecer a vida em conjunto: duas histórias que, tornadas uma, projetaram a verdade inegável contida nas suas crônicas de amor.

Este livro *não* poderia não ter sido escrito. Nita compreendeu que não admitiríamos ter-nos furtado o gosto de, com ela, repartir o amor presente nas crônicas. Afinal, é também o *nosso* Paulo Freire: ao revelá-lo, dignifica-o ainda mais.

Emoção magnífica, a leitura das crônicas nos faz sorrir, eventualmente chorar e, no mais, provoca enternecimento agradável. Cada crônica é quase uma oração (nada piegas) que mostra um Paulo que sabíamos já ótimo e que, com Nita, ficou melhor ainda. Seria possível? Sim: testemunhamos isso inúmeras vezes.

13. Texto escrito em 1998 para a quarta capa de *Nita e Paulo: crônicas de amor*. São Paulo: Olho d'Água, 1998.

Paulo, sem jamais obscurecer seu sólido e amoroso percurso anterior a Nita (e sem que, também jamais, Nita o constrangesse a isso), demonstrava uma vitalidade e uma alegria que só o amor edificante é capaz de ofertar.

"Meu marido", escreve Nita em muitas crônicas, tal como Paulo sempre dizia "minha mulher" (por pertencimento afetivo). Mas, nós insistimos, é o *nosso Paulo Freire*.

A Paulo, obviamente, sempre somos gratos. Agora, nossa gratidão a Nita, pelo amor que deu a Paulo. É, dessa forma, a *nossa Nita*.

Epílogo[14]

ALÍPIO CASALI

A quem pertence o legado intelectual, político e cultural das grandes personalidades da História? A toda a Humanidade, é claro. Até porque as grandes personalidades são reconhecidas como tais justamente por terem oferecido em alguma medida sua vida e sua obra a toda a Humanidade. Mas toda obra de toda grande personalidade reclama sempre, para a inteira compreensão do seu sentido, informações e esclarecimentos sobre as contingências subjetivas dentro das quais ela foi produzida e das quais é inseparável. Quaisquer que sejam essas contingências, elas serão importantes e terão algum valor heurístico: econômicas, sociais, políticas, estéticas, religiosas, afetivas...

Assim sendo, e sendo Paulo Freire uma personalidade de destaque dentro da história da educação mundial, não há como negar que todas as informações acerca de sua vida (suas memórias, histórias, relatos da vida cotidiana, seus hábitos, crenças, valores, afetos...) são parte indissociável de seu legado político, cultural, pedagógico; e interessam a todos os educadores, até

14. Escrito especialmente para *Nós dois*, a meu pedido, em maio de 2012.

porque sua função de exemplaridade é inerente ao fato de ele ser reconhecido como personalidade mundial. E mais: onde e quando for possível trazer à luz também os não ditos de sua obra e vida, inscritos em seu cotidiano, com igual ênfase se reconhecerá ali uma informação de interesse para a inteireza de seu legado.

Ora, temos de Freire o acervo completo de seus textos e um rico registro de suas práticas políticas e pedagógicas. Temos produções biográficas a seu respeito, entre as quais se destaca a biografia cuidadosamente elaborada por Nita (*Paulo Freire. Uma história de vida*. Indaiatuba, SP: Villa das Letras, 2006). E mais: o próprio Freire deixou escritos de caráter autobiográfico preciosos para a elucidação de lacunas dos sentidos de sua formação e de sua prática, entre os quais se destacam *Cartas a Cristina* e *À sombra dessa mangueira*.

Pareceria que pouco haveria ainda a acrescentar a essa extraordinária história de vida desse extraordinário educador. E pareceria que Nita tivesse já esgotado todo o baú de seus arquivos e memórias com seu *Nita e Paulo: crônicas de amor*, cujo caráter intimista é revelador de importantes detalhes dos hábitos e acontecimentos triviais da vida de seu marido.

Mas vemos agora que outras surpresas estavam guardadas e pudemos apreciá-las e saboreá-las: algo mais sobre a intimidade do convívio e dos afetos de Paulo compartilhados com sua querida Nita. O desvelo de Nita em ter guardado anos a fio essas preciosidades proporciona-nos agora uma nova epifania do modo existencial de Paulo Freire. Como quem conviveu cotidianamente com Paulo, em diversas circunstâncias, eu também testemunho a naturalidade e espontaneidade com que ele próprio compartilhava seus sentimentos e gestos afetivos, sem deslizar para o banal ou para o excesso. Nita, aqui, mantém-se dentro dos mesmos limites, ao compartilhar conosco esse relicário.

Essas revelações de Nita funcionam como uma autenticação da atitude fundamental de Paulo Freire diante do mundo e do ser humano: o delicado cuidado de si e o cuidado do outro. E resultam numa "prova dos nove" da autenticidade de todos os seus ditos e feitos públicos, nos quais a amorosidade política e pedagógica sempre foi afirmada como sendo o indispensável fundo subjetivo de toda ação. É como se pudéssemos, finalmente, sem qualquer sombra de dúvida, reconhecer: a grandeza política e pedagógica de Paulo Freire mede-se agora também pela grandeza de seus mais diminutos gestos e palavras, que fazem dele, agora mais do que nunca, um ser humano de integralidade exemplar.

Últimas palavras[15]

NITA FREIRE

Aos que nos ajudaram a ser felizes.

Com que saudades de Paulo escrevi estas crônicas! Verdadeiras no acontecer, verdadeiras na emoção de recordar esses dez anos nos quais tive o privilégio de amar e ser amada, de colaborar, de ensinar e de aprender com um homem amoroso, carinhoso e sensível como Paulo. Sua inteligência, trabalho e engajamento a favor dos oprimidos o mundo inteiro conhece. Eu conheci a sua faceta maior: a de um homem extremamente amoroso.

Falei aqui da pessoa humana que viveu apaixonadamente todos os momentos de sua vida. Brigava, discutia, sentia, amava e se dava por inteiro. Falo do homem que queria com sofreguidão, com carinho e com presença fiel compartir todos os momentos de sua vida comigo, desde quando nos descobrimos como homem e mulher!

Sabia lutar pelo que queria com intensidade, ternura, paciência e sedução. Com fascinação. Com muita fascinação! Assim ele foi, sobretudo, comigo.

15. Texto escrito para *Nós dois* em 19 de setembro de 2012, no dia em que Paulo completaria 91 anos de idade.

Grande parte deste livro — testemunho de nosso amor — escrevi sentada na cadeira giratória do escritório de Paulo no apartamento que montamos, coisa por coisa, em Jaboatão dos Guararapes, no estado de Pernambuco.

Nessa cadeira que me permitia ora escrever, ora ver o mar de Piedade cheio de vida e impetuosidade, a praia repleta de gente de roupas coloridas a bronzear-se ao generoso sol nordestino ou a banhar-se nas mornas águas do mar azul-esverdeado, recordei toda a minha vida.

Choro refazendo minha vida sem Paulo, relembrando minha vida com Paulo. Lágrimas, cores, mar, sol, gente: tudo tem a ver com ele, com nossa vida em comum. Com sua forma de existir. Tudo se destaca e me emociona. Tudo gira em torno de sua presença, na ausência definitiva e dolorosa. Apenas Maria cuidando de mim, como fizera com nós dois nas muitas vezes que estivemos aqui, na praia de Jaboatão.

Não poderia deixar de proclamar, ao encerrar este livro-testemunho, que essa vida que tivemos — intensa, profundamente marcada pelo amor e pela paixão — não teria sido tão plena sem a presença de algumas pessoas vivas ou mortas que nos eram muito caras. Que nos ajudaram, de uma forma ou de outra, a ser felizes.

Dona Edeltrudes, a dona Tudinha, a mãe de Paulo, pela forma como o educou e respeitou, deixando-o livre para ser ele mesmo. Pela forma como se empenhou por ele procurando escola, obstinadamente, até que encontrou meu pai, que lhe deu estudo e a ela a possibilidade de orgulhar-se do filho por sua extraordinária capacidade de criar e de inteligir. De ser gente e fazer-se o ser aberto que foi para o amor e o amar, porque ela foi mãe por inteiro.

Estou enfatizando nela o acreditar no outro, o ajudar na luta do sonho do outro; o respeito pelo outro, virtudes que marcaram Paulo e sua obra.

"Seu" Themístocles, pai de Paulo, que por seu comportamento exemplar deixou para seu filho, através da educação que lhe deu, marcas de virtudes a serem praticadas, como a dadivosidade, a paciência e a tolerância.

Aluízio, meu pai, com sua bondade e generosidade imensas, e por sua compreensão de que a educação é um direito de todas as mulheres e de todos os homens, ofereceu a Paulo a possibilidade de fazer os estudos secundários, numa época em que o estado de Pernambuco tinha apenas uma escola desse nível pública e gratuita. Mais: ofereceu-lhe o primeiro emprego e o fez professor de Língua Portuguesa de seu respeitado Colégio Oswaldo Cruz, do Recife. Preparando-o, formando-o, o educou para a vida, gratuitamente aberto às necessidades de Paulo, que tanto queria estudar e não estava tendo essa oportunidade. Assim, sem o prever, possibilitou que, num dia distante, sua filha Nita se unisse a ele.

Que eles viessem a se oferecer um ao outro, para compartir a vida plena, beneficiados que foram por Aluízio.

Genove, minha mãe, que tanto queria bem a Paulo desde os anos 1940, quando Paulo era apenas um jovem que queria estudar. Que no dia em que lhe comuniquei que estávamos nos amando, eu e Paulo, passou uma noite sem dormir e dizia: "Nunca pensei que com mais de 85 anos de idade pudesse viver uma alegria deste tamanho... uma alegria tão grande."

A meus filhos — Ricardo, Eduardo, Roberto e Heliana —, que compreenderam tão bem nosso direito de nos amar um ao outro. De terem respeitado, sem reservas, minha opção de refazer a vida. De terem compreendido que amar um novo parceiro não significa esquecer o primeiro. Que Raul permanecerá em mim, como Paulo, por toda a minha vida. De terem resolvido dentro deles mesmos as tradicionais resistências a um novo casamento, comportando-se com respeito, dignidade e maturidade frente a mim e a Paulo.

A vocês, meus filhos, agradeço o amor e a solidariedade, a cumplicidade e a ternura com que trataram Paulo nos dez anos que vivemos juntos.

Aos meus irmãos e irmãs e a todos os inúmeros amigos de todas as partes do mundo, também digo publicamente: muito obrigada por nos terem ajudado a ser felizes outra vez.

Louvados sejam! Louvado seja o meu amor por Paulo e o dele por mim!

Este livro foi composto na tipolgia
MrsEaves em corpo 13 e impresso para a Editora
Paz e Terra em maio de 2013 na Yangraf.